AF548403

Pilze selbst anbauen & züchten

Die Komplettanleitung für eine erfolgreiche Pilzzucht:
Alles Wissenswerte vom Equipment,
über die Spore bis zur Ernte für Ihren Pilzanbau im Haus,
Hochbett oder Glas

Johannes Embach

Email: info@edition-lunerion.de
www.edition-lunerion.de

Psiana eCom UG
Berumer Str. 44
26844 Jemgum

Inhalt

Vorwort

Faszinierende Kreaturen zwischen Pflanzen und Tieren – doch wo genau sind Pilze wirklich anzuordnen? Lange Zeit ordnete man sie aufgrund mangelnder Kenntnisse den Pflanzen zu. Heutzutage wissen wir jedoch, dass sie den Tieren in ihren physiologischen und genetischen Eigenschaften wesentlich näher stehen. Insbesondere die Tatsache, dass Pilze keine Photosynthese betreiben, unterscheidet sie stark von den Pflanzen. Daneben sind jedoch noch reichlich andere Details festzustellen – viele davon für das bloße Auge gar nicht sichtbar und doch von bedeutender Tragweite in der Natur.

Pilze wachsen nahezu überall in der Natur: auf dem Waldboden, auf Kompost und sogar an Baumwänden. Alles, was sie benötigen, sind ein Nährboden, ein dunkler Ort und ein gutes Maß an Feuchtigkeit. Einige Pilze haben ein paar Sonderansprüche – viele sind jedoch sehr anspruchslos und gedeihen auch unter schwierigen Bedingungen. Pilze erfüllen in freier Wildbahn wichtige Funktionen im Naturkreislauf. Sie zersetzen tote Organismen und sogar toxische Stoffe, sie halten den Erdboden gesund und da manche Pilze auch vor Tieren nicht Halt machen, halten sie das Ökosystem auf allen Ebenen im Gleichgewicht. Für die Umwelt sind Pilze überaus wichtige Mitglieder des Systems.

Auch der Mensch hat den Nutzen der Pilze entdeckt: Denn neben den praktischen Aufgaben, welche die Pilze in der Natur wahrnehmen, haben viele Pilze auch besonders wertvolle Inhaltsstoffe anzubieten. Dazu zählen einerseits reichlich Nährstoffe, andererseits auch Inhaltsstoffe, die Gesundheit und Genesung unterstützen. Sogenannte Heil- oder Vitalpilze werden schon seit vielen hunderten von Jahren von Menschen genutzt, um gewisse Krankheiten zu besiegen oder präventiv zu arbeiten. Insbesondere in der Traditionellen Chinesischen Medizin finden Sie viel dazu. Heutzutage werden Vitalpilze gerne auch in Deutschland als Nahrungsergänzungsmittel eingenommen. Sie sollen das Immunsystem stützen und eine gute Abwehr aufbauen. Auch viele Speisepilze enthalten einen hohen Gehalt an Nährstoffen, z. B. Vitamine und Mineralstoffe. Das bedeutet: Schmackhafte Pilze auf dem Teller können auch zu einer gesunden Ernährungsweise beitragen. Es gibt also viele gute Gründe, diese Lebewesen selbst zu züchten!

Pilze zuhause züchten leicht gemacht

In diesem Buch erhalten Sie alle Informationen, die Sie für die Pilzzucht zu Hause benötigen. Welche Pilze wachsen auf welche Weise? Wie stelle ich ein gutes Substrat her? Was sind Supplements und benötige ich sie wirklich für die ersten Versuche in der Pilzzucht?

Wenn Sie schon eine Weile mit dem Gedanken spielen, Pilze selbst zu züchten, haben Sie sich diese oder ähnliche Fragen sicherlich auch schon gestellt. Schließlich gehören Pilze nicht zu den Pflanzen, sondern bilden eine eigenständige Kategorie von Lebewesen. Das bedeutet, dass auch ihr Anbau anders funktioniert als der von Pflanzen im eigenen Garten. Doch keine Sorge: Dieser Ratgeber klärt Sie an passender Stelle auch über derartige Schwierigkeiten auf und hilft Ihnen, sich auf dem Gebiet der Pilzzucht zurechtzufinden.

Damit Sie einen guten Start und reichlich Basiswissen erhalten, beginnt dieses Buch mit einer Einführung in das Thema Pilze im Allgemeinen. In dem Abschnitt lernen Sie alles zum Aufbau eines Pilzes, zur Vermehrung, zum Thema Vitalpilze und vieles mehr. Denn mit dem richtigen Hintergrundwissen wird Ihnen die spätere Praxis umso leichter fallen. Die schwierigsten Entscheidungen, die Sie in diesem Zusammenhang treffen müssen: Welchen Pilz wollen Sie ziehen? Und auf welchem Substrat möchten Sie die Zucht beginnen?

Ein besonders anspruchsloser Pilz ist der Austernpilz – deshalb lesen Sie im späteren Teil des Buches auch einige wichtige Hinweise speziell zur Zucht von Austernpilzen. Mit diesem Pilz können selbst absolute Anfänger Erfolge erzielen. Sie werden lernen, was der Austernpilz zu einem so anfängerfreundlichen Pilz macht, auf welchem Substrat er am besten gedeiht und wie Sie den Pilz ganzjährig in Ihrem Garten erhalten.

Sie sehen also: Am Ende des Buches sollten Sie dazu in der Lage sein, mit ausreichend Hintergrundwissen Ihre ersten Substrate zu mischen sowie Pilze zu ziehen und zuzubereiten. Nach den ersten Anfängerversuchen können Sie sich zudem an anspruchsvollere Pilze herantasten und sogar eigene Sporen ziehen. Auch dazu finden Sie in diesem Buch viele Tipps. Probieren Sie sich einfach aus und seien Sie nicht zu enttäuscht, wenn es trotz aller Hinweise und sauberer Arbeit nur zu einem geringen Ertrag kommt oder unerwünschte Keime doch einmal die Oberhand gewinnen – das ist ganz normal. Gerade am Anfang kann die Pilzzucht eine knifflige Angelegenheit sein. Geben Sie nicht auf und probieren Sie es weiter – Sie werden sicherlich schnell Fortschritte zeigen. In diesem Sinne: Viel Spaß und viel Erfolg mit diesem Buch!

Einführung in die faszinierende Welt der Pilze

Lange Zeit wurden Pilze den Pflanzen zugeordnet – eine Zuordnung, die auf mangelnden Kenntnissen basierte. Heute wissen wir, dass Pilze den Tieren aufgrund ihrer genetischen und physiologischen Substanz viel näher stehen. In diesem ersten Kapitel erfahren Sie daher alles, was Sie über die grundlegenden Eigenschaften der Pilze wissen sollten. Worin bestehen die größten Unterschiede zwischen Pilzen und Pflanzen? Was zeichnet die kleinen Waldbewohner noch aus? Und welche unterschiedlichen Pilzarten kennen wir eigentlich? Damit Sie bestens verstehen, was Sie anbauen und warum sich Pilze so verhalten, wie sie sich verhalten, erhalten Sie hier die Antwort auf all diese Fragen.

Grundlegende Eigenschaften

Die Biologie teilt Lebewesen in die Gruppen von **eu**karyotischen und **pro**karyotischen Lebewesen ein. Eukaryotische Lebewesen sind solche, deren Zellen einen Zellkern und verschiedenartige Räume besitzen. Demgegenüber stehen die prokaryotischen Lebewesen, deren Zellen keinen Zellkern haben (beispielsweise Bakterien). Tiere, Pflanzen und Pilze bilden die drei Kategorien der eukaryotischen Lebewesen.

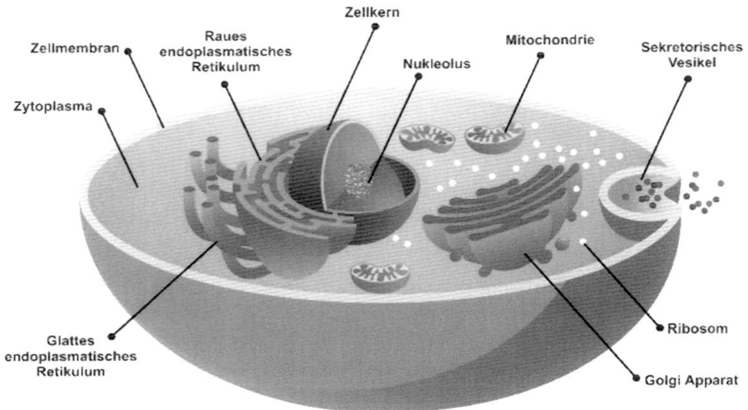

EUKARYOTISCHE ZELLE

PROKARYOTISCHE ZELLE

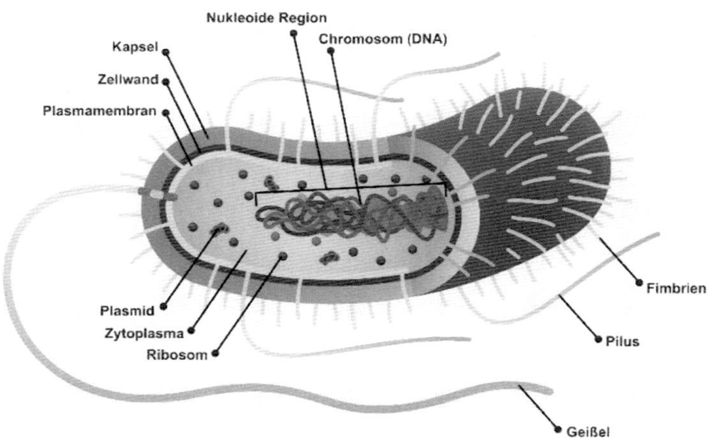

Die Bezeichnung „Pilz" kommt aus dem Lateinischen „bōlētus", was sich wiederum im Althochdeutschen zu „buliz" und schließlich zu „Pilz" entwickelte. Die botanische Bezeichnung für Pilze lautet „Fungi", was auf einen altgriechischen Begriff für „Schwämme" zurückzuführen ist. Diese Bezeichnung entspringt der Eigenschaft von Pilzen, sich mit viel Wasser vollzusaugen – ebenso wie Schwämme. Lange Zeit wurden Pilze und Pflanzen als besonders gleichartig angesehen, nach heutigem Wissensstand sind Pilze den Tieren jedoch wesentlich ähnlicher.

Pilze und Pflanzen – unterschiedlicher als angenommen

Der größte Unterschied zwischen Pilzen und Pflanzen ist die Photosynthese – oder vielmehr die Tatsache, dass Pilze keine Photosynthese vornehmen. Die Umwandlung von Kohlendioxid zu Sauerstoff wird nur von Pflanzen durchgeführt und ist eines der wichtigsten Kennzeichen von ihnen. Pflanzen versorgen sich auf diese Art selbst mit Energie und sorgen gleichzeitig für eine reine Luft, die wiederum anderen Lebewesen als Energie dient.

Pilze müssen sich um organische Kohlenstoffverbindungen bemühen, um Energie zu erhalten, da sie keine eigenen Kohlenhydrate aufbauen. Vielmehr nutzen sie Kohlenstoffverbindungen, die von anderen Lebewesen bereitgestellt werden. Im organischen Stoffkreislauf des Ökosystems gehören die meisten Pilze zu den sogenannten **Destruenten**.

Destruenten bauen organisches Material ab und wandeln es in lösliche Mineralien um. In der Biologie sagt man auch, sie ernähren sich „heterotroph" (sie ernähren sich von organischen Nährstoffen, die sie ihrer Umgebung entziehen, wie zum Beispiel von toten Pflanzen, Baumstümpfen und Tierexkrementen).

Der überwiegende Anteil der Pilze zählt zu diesen Zersetzern im Wald. Ein anderer Teil lebt in Symbiosen mit lebendigen Organismen (vorwiegend Bäumen) und versorgt in Gemeinschaft mit diesen Lebewesen den Wald. Doch dazu später mehr.

Pilze haben mit Tieren außerdem gemeinsam, dass sie die Speichersubstanz *Polysaccharid* (Glykogen) bilden, Pflanzen hingegen bilden Stärke. Polysaccharide sind Kohlenhydrate, genauer gesagt Vielfachzucker. Glykogen ist ein Vielfachzucker, der aus Glucose-Einheiten besteht. Im menschlichen und tierischen Körper dient er entsprechend der Speicherung und Bereitstellung von Glucose und damit als Energiereserve. Stärke wiederum kommt in pflanzlichen Zellwänden vor. Auch Stärke dient als Energiespeicher, allerdings werden ihre Glucoseteile erst über die Photosynthese gebildet. Zwischen beiden Kohlenhydraten bestehen komplexe chemische Unterschiede, die in der Natur und Biologie jedoch bedeutend sind. Für das Auge unsichtbare Unterschiede wie diese sind für den Biologen wichtige Details zur Erkennung und Unterscheidung von Lebewesen (etwa Pilzen und Pflanzen). Dass Pilze und Pflanzen beide unbeweglich sind – wie auch Pflanzen sind Pilze sesshaft (anders als Tiere) –, ist kein ausreichendes Abgrenzungskriterium. Schließlich lassen sich auch in der Tierwelt (nahezu) unbewegliche Arten finden, darunter beispielsweise Schwämme und Steinkorallen. Gemeinsam haben Pilze mit Pflanzen wiederum, dass sie ähnliche Strukturen aufweisen, etwa im Bereich der **Zellwände** und der sogenannten **Vakuolen** (Zellorganellen).

Ein Merkmal, das Pilze sowohl von Pflanzen als auch von Tieren trennt, ist die Tatsache, dass jeder Teil des Pilz-Organismus *autark* ist. Autark bedeutet unabhängig oder auch *sich selbst genügend.* Das heißt: Die einzelnen Teile des Pilzorganismus sind voneinander unabhängig und eigenständig. Zwischen den einzelnen Teilen findet auch keine Kommunikation statt. Dies ist beim pflanzlichen Organismus keineswegs der Fall: Pflanzenteile kommunizieren und agieren gemeinsam. Außerdem fehlt es Pilzen überwiegend an einem Tagesrhythmus. Selbst Pflanzen weisen diesen in der Mehrheit vor. Bei Pilzen ist ein eigener Tagesrhythmus nach jetzigem Stand der Wissenschaft nur eine Ausnahme.

Grundlegendes zum Aufbau eines Pilzes

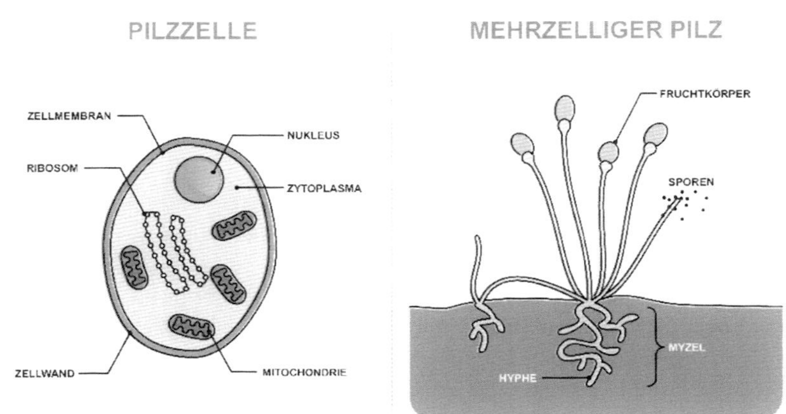

Der Aufbau einer einfachen Pilzzelle und eines Pilzkörpers.

Der Großteil des Körpers eines Pilzes besteht aus zahlreichen einzelnen Fäden, den sogenannten **Hyphen**. Die einzelnen Hyphen sind bei den meisten Pilzen jedoch nicht sichtbar. Die Fäden werden durch diverse Trennwände unterteilt, die man **Septen** nennt. Das gesamte Geflecht aus Hyphen und Septen nennt man **Myzel**. Das gesamte Geflecht wird, wenn es sehr dicht wächst, vom menschlichen Auge erkannt – etwa als Schimmel auf einem Stück Käse oder der Suppe.

Der Teil des Pilzes, der als Fortpflanzungsstruktur fungiert, wird **Fruchtkörper** genannt. Dies ist der Teil des Pilzes, den man bei einem Waldspaziergang sieht und im Supermarkt kaufen kann. Dieser Teil ist außerdem für die Fortpflanzung zuständig. Obwohl das Myzel den Großteil des Pilzkörpers ausmacht, meint man im Alltagssprachgebrauch meistens den Fruchtkörper, wenn man von einem „Pilz“ spricht. Das liegt wahrscheinlich daran, dass der Fruchtkörper der essbare Teil ist und viele Menschen diese Bestandteile aus dem Supermarkt kennen.

Pilzmyzelien können viele Kilometer lang wachsen. Einige Pilzsorten schaffen es sogar, innerhalb eines einzigen Tages bis zu einen Kilometer weit zu wachsen. Diese schnelle Verbreitung durch Wachstum sorgt dafür, dass der Pilz ausreichend Nährstoffe aus dem Boden aufnehmen und über eine weite Fläche transportieren kann. Da all dies in der Regel unterirdisch stattfindet, sieht das menschliche Auge diesen Vorgang nicht.

Im Fruchtkörper werden die **Sporen** des Pilzes gebildet – ähnlich wie die Samen einer Pflanze. Sie sorgen für die Vermehrung des Pilzes.

Pilze kommen in den unterschiedlichsten Größen vor. Die kleinsten Pilze sind mit dem bloßen Auge überhaupt nicht erkennbar und nur unter einem Mikroskop sichtbar zu machen.

Auf einen Blick:

1. Pilze bestehen grob aus einem Myzel und einem Fruchtkörper.
2. Der Fruchtkörper ist der sichtbare Teil und für die Fortpflanzung des Pilzes verantwortlich.
3. Das Myzel liegt meist unterirdisch und bildet den Großteil des Körpers.
4. Ein Myzel besteht aus Fäden – den Hyphen – und Trennwänden – den Septen.

Grundlegende Pilzkategorien

Pilze werden im Allgemeinen in drei grundlegende Gruppen eingeteilt. Diese werden anhand der Art, wie sich die Pilze mit Nahrung versorgen, festgelegt. Die drei Kategorien lauten:

1. Saprobionten (zersetzen organisches Material)
2. Parasiten (entziehen einem anderen Organismus Energie)
3. Symbionten (leben im wechselseitigen Nutzen mit einem anderen Organismus)

Saprobionten

Saprobionten können innerhalb eines Ökosystems diverse organische Materialien zersetzen und dadurch Energie gewinnen. Dazu gehören beispielsweise Viehdung, Holzreste und Stroh. Sie stellen in einem großen Ökosystem eine Art Recyclingbetrieb dar – sie zersetzen und wiederverwerten alles, was anderweitig kaum gebraucht oder gar als Abfallprodukt liegen geblieben ist. Die meisten Zuchtpilze fallen in die Kategorie der Saprobionten. Allerdings sollten Sie dabei bedenken, dass auch Pilze – wie im Grunde alle anderen Lebewesen auch – unter Zuchtbedingungen anders reagieren als in freier Wildbahn. Ein perfektioniertes Substrat (als Nährboden, auf dem die Pilze gezüchtet werden) sorgt für weit mehr Ertrag als ein natürlicher Nährboden im Wald. In der Natur wachsen Pilze nur zu bestimmten Jahreszeiten unter den jeweils passenden Wetterbedingungen. Unter Zuchtbedingungen können Pilze auch unter optimierten Bedingungen zu anderen Jahreszeiten wachsen.

Saprobionten arbeiten mit speziellen Enzymen, mit denen sie zahlreiche Dinge zersetzen könnten. Auch Papier und Textilien können im Laufe der Zeit von vielen Pilzen zersetzt werden. Einige Pilze zersetzen sogar Erdöl und giftiges Material. Deshalb sind diese Zersetzer überaus wichtig für die Umwelt. Da sie allerdings auch Holzmöbel und Gartenzäune zersetzen können, sind sie nicht überall die beliebtesten Pilze. Leider hat die herausragende Zersetzereigenschaft der Pilze noch einen weiteren Nachteil: Die für den Menschen so schmackhaften Fruchtkörper können mit Schwermetallen, Industrieabfällen und sogar radioaktiven Stoffen belastet sein.

Zu den bekanntesten Kulturpilzen dieser Art zählen Champignons und Shiitakes.

Exkurs

Radioaktiv belastete Pilze

Am 26. April 1986 kommt es im Atomkraftwerk Tschernobyl zu einer Kernschmelze. Große Mengen Radioaktivität werden freigesetzt. Eine radioaktive Wolke zieht über Europa und kontaminiert große Teile Deutschlands. Besonders die Regionen um Bayern, Südthüringen und Baden-Württemberg sind betroffen. Die Böden werden mit großen Mengen des radioaktiven Stoffes Cäsium-137 und in weniger großen Mengen des radioaktiven Stoffes Strontium-90 belastet. Am 11. März 2011 geschieht ein ähnliches Ereignis im japanischen Fukushima: Große Mengen radioaktiver Stoffe werden bei einer Reaktorkatastrophe freigesetzt. Die Winde in Fukushima sorgen an dem Tag dafür, dass der Großteil der gefährlichen Partikel auf das Meer geweht wird. Doch noch heute spürt Deutschland die Folgen von Tschernobyl.

Was hat das alles mit Pilzen zu tun? Pilze sind großartige Helfer im Wald. Sie zersetzen nahezu alles, was ihnen entgegenkommt und der Waldboden nicht gebrauchen kann – auch radioaktive Stoffe und Industrieabfälle, sprich: In großen Mengen auch all das, was der menschliche Körper nicht gebrauchen kann. Dabei saugen die unterirdischen Pilzmyzelien alles aus dem Boden auf, was zersetzt werden soll. Große Teile davon werden durch den Pilzkörper geleitet und setzen sich im Fruchtkörper ab – also in dem, was wir im Allgemeinen als Speisepilz auf den Tellern finden. Insbesondere Pilze aus Osteuropa sind immer noch stark belastet. Erhöhte radioaktive Konzentrationen finden sich auch in Pilzen aus Süddeutschland. Doch nicht nur Pilze sind belastet: Durch den Verzehr von Pilzen kann auch Wildfleisch stärker belastet sein. Das gilt vor allem für Wildschwein. Aufgrund der derzeitigen Grenzwerte wird empfohlen, nicht mehr als 200 bis 250 Gramm Wildpilze pro Woche zu essen. Das gilt insbesondere für Pilze aus den betroffenen Regionen. Insbesondere Kinder und Schwangere sollten sich gut überlegen, ob der Verzehr wirklich notwendig ist oder ob lieber auf die Wildpilze verzichtet werden sollte. Pilze aus dem Supermarkt sind in der Regel unbedenklich. Auch importierte Pilze werden streng kontrolliert und im Besonderen auf ihre Strahlenwerte geprüft. Alle japanischen Lebensmittel aus der Region um Fukushima werden weiterhin streng kontrolliert. Jedoch wurden in den letzten Jahren keine Grenzwertüberschreitungen festgestellt. Nur eine kleine Region um den Reaktor ist nach wie vor stark verseucht. Rohstoffe für Konsumgüter wurden in der Region um Fukushima jedoch nicht hergestellt, weshalb diese Produkte aus Japan unbedenklich sein sollten.

Beachten sollte man bei Wildpilzen jedoch auch Folgendes: Pilze reichern ihre Fruchtkörper mit sehr vielen toxischen Bestandteilen an. So können sie reich an Schwermetallen wie Kadmium und Quecksilber sein. Kadmium wird insbesondere dann eingelagert, wenn die Pilze in der Nähe von landwirtschaftlich genutzten Feldern wachsen. Dort wird in der Regel mit phosphatreichem Dünger gearbeitet, der ein hohes Konzentrat an Kadmium beinhaltet. Kadmium ist für den Menschen sehr schädlich. Es kann sich in Nieren festsetzen und dort langfristig die Funktionsweise stören. Quecksilber wiederum wird vor allem dort festgestellt, wo Kohlekraftwerke oder alte Bergbaugebiete in der Nähe sind. Auch dort, wo die Böden starken Emissionen von solchen Kraftwerken ausgesetzt sind oder waren, sind Pilze entsprechend belastet. Quecksilber schadet insbesondere den Nieren und dem menschlichen Nervensystem.

Wildpilze sollten aus all diesen Gründen nur in Maßen verzehrt werden. Auch unabhängig von der radioaktiven Belastung wird empfohlen, nicht mehr als 200 bis 250 Gramm wöchentlich zu sich zu nehmen – ein Grund mehr, die Pilze selbst zu züchten!

Bei aller gesundheitlicher Vorsicht sollte jedoch nicht vergessen werden, wie faszinierend und wertvoll Pilze sein können. In ihnen steckt ein unheimlich großes Potenzial. So finden sich in den radioaktiv belasteten Gegenden heute wieder zahlreiche Pilzarten, die prächtig gedeihen. In Tschernobyl sind seit einigen Jahren auch wieder andere Waldbewohner zurückgekehrt, doch insbesondere Pilzarten blühen auf dem radioaktiven Untergrund auf. Der Grund dafür liegt auf der Hand: Einige Pilzsorten wandeln mit Freude radioaktive Strahlung in Energie um, die sie zum Wachsen nutzen. In Tschernobyl wurde vor nicht allzu langer Zeit ein mysteriöser schwarzer Pilz gefunden, der sogar im Inneren des Reaktors lebt. Er ernährt sich direkt von der Strahlung und wurde bereits fünf Jahre nach der Katastrophe entdeckt. Pilze waren die ersten Organismen, die in dieser Gegend wieder auftauchten, nur kurze Zeit nach dem Unfall. Pilze, die die unglaubliche Eigenschaft haben, genau die Stoffe als Energiequelle zu nutzen, die überall sonst vernichtendes Potenzial haben, sind auf vielen Ebenen spannend und wertvoll. Die NASA möchte untersuchen, inwieweit diese Pilze als Schutz für die Raumfahrt genutzt werden können. Für die medizinische Forschung ist der Pilz vor allem eins: ein potenzielles Mittel, um Krebspatienten zu behandeln.

Kaum ein Lebewesen ist so vielseitig und potenzialreich wie Pilze. Manche Pilze sind von Natur aus toxisch, andere aufgrund ihrer beeindruckenden Absorptionsfähigkeit. Andere Sorten beinhalten wahres Lebensretterpotenzial oder einfach eine Menge wertvoller Nährstoffe für den menschlichen Haushalt. Pilze zu züchten, ist daher ein unglaublich erkenntnisreiches Unterfangen.

Parasiten

Dass Pilze als Parasiten existieren können, ist gemeinhin bekannt. Parasitenpilze befallen einen anderen – noch vitalen – Organismus (ihren „Wirt") und entziehen ihm Energie und Nährstoffe. Der Wirt des Pilzes wird durch seinen Parasiten schwächer – er zieht aus der Verbindung keinerlei Nutzen. Die meisten parasitären Pilze – häufig auch als Schmarotzer bezeichnet – nutzen einen pflanzlichen Wirt. Allerdings gibt es sogar Pilze, die auch Tiere töten können.

Die bekanntesten Parasitenpilze sind beispielsweise Hautpilze (Dermatomykosen) oder Hallimasche, auch bekannt als Honigpilze (Armillaria spp.).

Der Hallimasch gehört zu den bekanntesten und weit verbreitetsten Baumpilzen. Insgesamt gibt es 30 verschiedene Hallimasch-Arten. Hallimasche treten gerne in Gruppen auf und sind meistens auf dem Stamm oder Stammfuß einer Pflanze zu finden.

Übrigens: Wussten Sie, dass der Hallimasch das größte Lebewesen der Erde ist? Sein Myzel erreicht eine Fläche von beeindruckenden tausend Quadratmetern und eine Tiefe von bis zu 800 Metern.

Unter sogenannten Dermatomykosen, besser als Hautpilzerkrankungen bekannt, versteht man Infektionskrankheiten der Haut, Haare und Nägel. Diese Krankheiten werden durch bestimmte Pilze hervorgerufen. Hautpilze mögen wie die meisten Pilze feuchte und warme Lebensräume. Sie können im Grunde fast alle Körperregionen befallen, doch besonders sind meist Füße, Hände und Nägel sowie die Schleimhäute des Intimbereichs betroffen. Diese Infektionen sind sehr verbreitet und nicht lebensbedrohlich. Sie können aber sehr unangenehm sein und heilen meist nicht von alleine ab.

Parasiten können ihren Wirt so weit zersetzen, dass er stirbt. Nicht jeder Pilz bringt den Wirt jedoch so weit. Viele Pilze schwächen ihren Wirt nur, ohne dass ihm dadurch der Tod droht. Außerdem gibt es einige Pilzsorten, die nur vorgeschwächte Bäume befallen. Diese werden als Schwächeparasiten bezeichnet.

Beispiele dafür sind der Reishi und der Igelstachelbart. Der Reishi ist ein Holz bewohnender Parasit, das heißt, er befällt vor allem schwache Bäume und abgestorbene Holzstämme. Im deutschen Raum wächst er vor allem am Stamm von Eichen. Er entzieht den ohnehin schon schwachen Bäumen die letzten Nährstoffe und wandelt sie in Energie für sich um. Viele Pilze nutzen sogar ganz abgestorbenes Material – etwa tote Baumstümpfe –, aus dem sie die letzten Nährstoffe ziehen. Sie zersetzen die tote organische Masse und wandeln sie im Körper in Energie um, die sie zum Wachsen benutzen. Dabei fressen sie sozusagen langsam alles auf, was vom Baum noch verwertbar und übrig ist. Deshalb werden alte Baumstümpfe morsch, wenn sie von Pilzen befallen werden. Nach einigen Jahren haben die Pilze alles aus den Baumstümpfen herausgezogen, was verwendbar war, dann wachsen sie nicht mehr weiter auf ihm. Der restliche Teil des morschen Holzes wird von anderen Parasiten zersetzt und zerfällt so nach und nach in Biomasse, die den Wald düngt. Der Igelstachelbart geht genauso vor: Er wächst bei hoher Luftfeuchtigkeit als Schwächeparasit auf abgestorbenem Holz alter Laubbäume. Im deutschen Raum ist er jedoch nur selten anzutreffen.

Einige Parasiten können nach dem Tod ihres Wirtes saprobiontisch auf ihm weiterleben, d. h., sie ernähren sich von seiner toten Masse weiter. Zu diesen Pilzen gehört zum Beispiel der Zunderschwamm.

Symbionten

Symbionten sind ebenfalls Pilze, die eine Verbindung mit einem anderen Organismus eingehen – allerdings in wechselseitigem Nutzen. Häufig sind diese Organismen Pflanzen. Eine Gemeinschaft aus Pilzen und Pflanzen werden **Mykorrhiza** genannt. In dieser Gemeinschaft stellt der Pilz der Pflanzen Mineralien und Nährstoffe zur Verfügung, die sie selbst nicht in dem gleichen Umfang aus dem Boden auslösen und aufnehmen könnte. Das Pilzmyzel ist meist eng mit den Pflanzenwurzeln verwoben. Dort kann gleichzeitig eine große Menge Wasser gespeichert werden, wodurch die Pflanze Trockenperioden leichter überwinden kann. Die Pflanze hat also einen sehr deutlichen Nutzen durch die Verbundenheit mit dem Pilz. Andersherum versorgt die Pflanze den Pilz mit wichtigen Kohlenhydraten (insbesondere Zucker), die sie durch die Photosynthese gewinnt. So erhält der Pilz seine Energie und Nährstoffe.

Symbionten sind für die Umwelt sehr wichtig und für die Landwirtschaft interessant. Die komplexen Verbindungen zwischen Pilzen und ihren Partnern zu verstehen, ist noch nicht überall gelungen, weshalb der Anbau der symbiontischen Pilze in den Kinderschuhen steckt.

Beispiele für die Pilze sind die begehrten Trüffel (sie leben mit Eichen und Hasel in Partnerschaften), Pfifferlinge und Steinpilze (ebenfalls in Partnerschaften mit Waldbäumen).

Die wichtigsten Vitalpilze im Überblick

Damit Sie einen guten Einblick in die vielseitige Welt der Pilze erhalten, finden Sie hier einen Überblick über die wichtigsten Vitalpilze. Was genau sind überhaupt Vitalpilze? Und welche medizinische Bedeutung tragen sie? Lesen Sie weiter!

Vitalpilze und die Mykotherapie

Vitalpilz, auch Medizinalpilz oder Heilpilz genannt, bezeichnet eine Kategorie von Pilzen, die zu therapeutischen und gesundheitsfördernden Maßnahmen eingesetzt werden.

Der Begriff Vitalpilz ist rechtlich nicht geschützt und auch nicht genau definiert. Zwar gibt es wenig moderne Studien, die die Wirkung dieser Pilze eindeutig bestätigen, dafür kennt man den Einsatz von Pilzen in der Medizin schon seit vielen hunderten von Jahren.

Die Anwendung von Pilzen und Pilzextrakten zu präventiven und heiltherapeutischen Zwecken nennt sich **Mykotherapie**. In der Traditionellen Chinesischen Medizin (kurz TCM) werden Pilze schon seit jeher verwendet. Besonders beliebt ist dabei der *Ganoderma linghzi,* besser bekannt unter dem Namen Reishi. Reishi steckt voller gesundheitsfördernder Stoffe und wird oft auch als „Pilz des ewigen Lebens“ bezeichnet. So besitzt er beispielsweise eine Reihe wertvoller Kohlenhydrate, unter anderem die sogenannten Beta-Glucane. Diesen Kohlenhydraten werden immunstabilisierende Wirkungen zugesprochen. Sie binden sich an die Immunzellen, was dazu führt, dass wichtige Botenstoffe ausgeschüttet werden, die die körpereigenen Abwehrkräfte mobilisieren. Außerdem haben sie einen positiven Einfluss auf den Cholesterinspiegel. Daneben beinhaltet der Pilz sogenannte Triterpene, pilzeigene Abwehrstoffe gegen Bakterien und Keime. Genau wie diese Stoffe den Pilz schützen, wirken sie auch im menschlichen Körper antientzündlich und antibakteriell. In der Traditionellen Chinesischen Medizin wird dieser Pilz – und daneben auch zahlreiche andere Pilze – meistens zu einem Extrakt verarbeitet. Dieses Extrakt wird dann den kranken Patienten verabreicht. Aber auch innerhalb Europas kennt man den Einsatz von Pilzen zu diesen Zwecken bereits seit längerer Zeit. So werden sie beispielsweise in den Kräuterbüchern des Hieronymus Bock, von Peter Melius oder Adam Lonitzer erwähnt. *Stinkmorcheln* wurden beispielsweise gegen Gicht verwendet und der *Echte Zunderschwamm* zur Blutstillung. In den meisten Fällen werden Pilze wie diese in Trockenform verabreicht, häufig als sehr konzentriertes Extrakt.

Steckbrief

Hieronymus Bock: Hieronymus Bock wurde im Jahr 1498 in Deutschland geboren und war ein Botaniker, Arzt und lutherischer Prediger. Über seinen Geburtsort gibt es keine genauen Angaben, vermutet wird jedoch Heidelsheim, das heute zu Bruchsal gehört. Über die Jugendjahre des Hieronymus Bock ist ebenfalls wenig bekannt. Klar ist jedoch, dass er ein Studium der Botanik aufnahm und bereits im Jahr 1522 einen Posten als Lehrer und Botaniker in Zweibrücken innehatte. Im Laufe der Zeit nahm er die Lehre in der Theologie auf, sein Arbeitsschwerpunkt blieb jedoch sein Leben lang die Botanik. Er wird auch als einer der „Väter der Botanik" bezeichnet. Über die Botanik baute er sich eine beeindruckende Reputation auf. Im Jahr 1550 begann er am Saabrücker Hof mit der Anlage eines Kräutergartens. Sein eigenes Kräuterbuch war einer der größten Erfolge. Hieronymus Bock hatte durch zahlreiche Wanderungen und Reisen reichlich Wissen gesammelt, das jenes der bis dahin einschlägigen Literatur in den Schatten stellte. Sein Wissen über die einheimischen Pflanzen, die er jahrelang beobachtete und studierte, übertraf das vieler seiner Vorgänger. Insbesondere Schreibungen und Fundortangaben waren in einem großen Maß vorhanden. Sein Kräuterbuch wurde außerdem aufgrund seiner humoristischen Kommentierungen, der einfachen Volkssprache und den künstlerischen Zeichnungen des jungen Straßburger Künstlers David Kandel ein großer Erfolg. Hieronymus Bock starb im Jahr 1554, nur vier Jahre nach Anlegung seines ersten Kräutergartens.

Steckbrief

Peter Melius: Peter Melius Juhász war ein ungarischer Botaniker, Schreiber, Theologe und Bischof aus Transsilvanien. Er lebte von 1532 bis 1572. Obwohl er innerhalb seines Heimatlandes auch für die theologische Arbeit bekannt war, erlangte er insbesondere durch sein Kräuterbuch internationale Bedeutung. Sein „Herbarium" wurde im Jahr 1578 – sechs Jahre nach seinem Tod – veröffentlicht. Es war das erste botanische und medizinische Werk in ungarischer Sprache und damit von erheblicher nationaler Bedeutung.

Steckbrief

Adam Lonitzer: Adam Lonitzer wurde im Oktober 1528 in Marburg geboren und war ein deutscher Naturforscher, Arzt und Botaniker. Lonitzer begann mit seinen Studien und Forschungen schon in sehr jungen Jahren und hatte schon mit 13 Jahren den Titel Baccalaureus, was dem heutigen Bachelor entspricht. Insbesondere unter Aufsicht seines Vaters, dem Altphilologen Johann Lonitzer, studierte er fleißig. Im Anschluss studierte er Philosophie und Medizin. Seinen Magistertitel erhielt er bereits im Jahr 1545, im Alter von nur 18 Jahren. In den folgenden Jahren galt sein Arbeitsschwerpunkt der Medizin, zwischendurch auch den alten Sprachen. Im Jahr 1550 begann er verstärkt mit dem Studium diverser Kräuterbücher, wobei die medizinisch-pharmazeutischen Aspekte für ihn von höchstem Interesse waren. Aus zahlreichen gesammelten Informationen stellte er ein eigenes, besonders umfangreiches Kräuterbuch zusammen. Dort beschrieb er die Arten besonders genau und gab auch Tipps zu praktischen Anwendungen. Daneben fanden sich zahlreiche Darstellungen von Geräten und Verfahren, die im Zusammenhang mit der Kräuterkunde nützlich werden könnten, in seinem Werk (so beispielsweise die Beschreibung des Verfahrens zum Destillieren von Branntwein). Sein Werk wurde durch seinen eigenen Schwiegervater gedruckt und erhielt schnell große Bedeutung. Nach dessen Tod übernahmen die Erben den weiteren Druck. Lonitzer selbst starb im Mai 1586.

Im Rahmen der TCM und Naturheilkunde gehen viele Therapeuten davon aus, dass die Pilze eine heilende Wirkung besitzen, da sie bestimmte heilende Inhaltsstoffe, Mineralstoffe und Vitamine in sich tragen. Tatsächlich wurde auch eine immunologische Wirkung bei dem Maitake an Tieren nachgewiesen. Forscher stellten in Versuchen fest, dass durch Beigabe der Pilze eine Aktivierung von T-Helfer-Zellen erreicht wird. Zudem steigert die Gabe die Produktion verschiedener immunologischer Stoffe, etwa des antiviral wirkenden Proteins Gamma-Interferon und des Botenstoffes Interleukin-12. Der Begriff Mykotherapie lässt sich vermutlich auf den ungarisch-deutschen Mykologen Jan Ivan Lelley zurückführen.

Steckbrief

Jan Ivan Lelley: Jan Ivan Lelley wurde im Jahr 1938 geboren und ist ein international anerkannter deutsch-ungarischer Mykologe. Er trug zu zahlreichen wichtigen Erkenntnissen in der Mykologie und Kultivierung von Speisepilzen bei, die ihm weitreichende internationale Anerkennung brachte. Lelley arbeitete unter anderem in den Gebieten der Pflanzenschutzmittel, der Heilkräfte von Pilzen und dem Gebiet der Sonderkulturen von Pilzen.

Lelley behauptete, die Wortneuschöpfung aus dem Begriff **Phytotherapie** abgeleitet zu haben – also dem Begriff der Pflanzenheilkunde („Phyto" kommt aus dem Griechischen und bedeutet „Pflanze"). Sein Buch „Die Heilkraft der Pilze – gesund durch Mykotherapie" erschien erstmals im Jahr 1997. Dort bezeichnet er die Mykotherapie auch als „Wissenschaft des Einsatzes von Großpilzen mit Heilwirkung". Für die Mykotherapie werden überwiegend, allerdings nicht ausschließlich Großpilze verwendet. Lelley forderte bereits zum Zeitpunkt des Erscheinens seines Buches eine Aufnahme der Mykotherapie als eigene Kategorie in die Naturheilkunde. Den Anspruch einer eigenständigen Kategorie erhob er insbesondere aufgrund der großen Anzahl und Vielfalt der Pilzarten sowie ihres breiten Anwendungsspektrums. Auch der historische Hintergrund der Therapieform, vor allem der fernöstlichen, uralten Tradition, sollte dies rechtfertigen.

Heutzutage werden Vitalpilze immer noch im Rahmen verschiedener Naturheilmethoden angewendet. Eine Zulassung der Präparate als Arzneimittel ist in Deutschland derzeit jedoch nicht gegeben. Stattdessen müssen die Produkte als Nahrungsergänzungsmittel angeboten werden. Wer sich auf dem Gebiet gut auskennt, hat außerdem die Möglichkeit, Vitalpilze selbst zu züchten und Extrakte aus ihnen herzustellen.

Ein Hinweis an dieser Stelle: Vitalpilze als einziges Mittel bei Beschwerden einzusetzen, wird nicht empfohlen. Insbesondere Laien können gar nicht sicher feststellen, wo die Ursache der Beschwerden liegt. Ein Besuch beim Arzt des Vertrauens und ausgiebige Informationen über den Heilpilz zu sammeln ist daher unbedingt zu empfehlen.

Der Anwendungsbereich von Vitalpilzen

Die Anwendungsbereiche von Vitalpilzen sind vielseitig. Schon in der TCM wurden die Pilze für eine Vielzahl von Krankheiten und Präventionsmaßnahmen verwendet. Im Laufe der Jahre und in unterschiedlichen Regionen wurde das Wissen um die Inhaltsstoffe und Wirkungsweisen der Pilze stetig erweitert und erneuert. Heutzutage werden Vitalpilze in naturheilkundlichen Therapien und im Bereich der Nahrungsmittelergänzung sowie der Ernährungswissenschaft in den unterschiedlichsten Bereichen eingesetzt. Das Spektrum reicht von Allergien über Alzheimer, Anti-Aging, Cholesterinkontrolle, Diabetes und Immunschwäche bis hin zu rheumatischen Erkrankungen, Schlaflosigkeit und Thrombose.

Die wichtigsten Vitalpilze – eine Übersicht

Hier erhalten Sie einen Überblick über zwölf der wichtigsten Vitalpilze mit ihren Wirkungsweisen und Eigenschaften. Vielleicht möchten Sie ja schon bald den einen oder anderen Pilz in Ihrem Garten anbauen?

Agaricus Bisporus – auch Champignon genannt

Der Agaricus Bisporus, auch unter den Synonymen Champignon, Egerling, Angerling, Portobello oder White Button Mushroom bekannt, zählt zu den bekanntesten Vitalpilzen weltweit.

Dieser Pilz wächst am besten auf nährstoffreichen Substraten wie Mist oder Kompost. Seltener ist er auch an Wald- und Wegesrändern zu finden – dann hauptsächlich im Frühjahr und Sommer. Ursprünglich war er auf der Nordhalbkugel beheimatet, er hat sich allerdings aufgrund seiner großen Beliebtheit als Speisepilz in vielen Ländern angesiedelt und ist heute weltweit verbreitet. Während die meisten Menschen diesen Pilz als Speisepilz kennen, wissen deutlich weniger, dass der Champignon auch ein beliebter Vitalpilz ist.

Zu den wichtigsten Inhaltsstoffen dieses Pilzes gehören:

- Proteine
- Kohlenhydrate
- Ballaststoffe
- die Vitamine B1 und B2
- Pantothensäure
- Folsäure
- Vitamin C

Studien haben insbesondere einen wirksamen Schutz gegen Zell-DNA-Schädigungen durch Wasserstoffperoxid herausgefunden. Dabei wurden Kalt- und Heißwasserauszüge vom Fruchtkörper genommen. Eine frischpilzreiche Diät mit dem Champignon konnte in anderen Studien aus dem Jahr 2009 ein reduziertes Risiko für Brustkrebserkrankungen feststellen. Außerdem wird ihm eine immunstimulierende Wirkung zugeschrieben. Traditionell wird der Pilz heutzutage in der Anti-Aging-Therapie eingesetzt sowie in der Brustkrebsvorsorge, der Stimulation der Immunabwehr und der Leberstärkung. Als beliebter Speisepilz ist der Champignon besonders leicht in den Alltag zu integrieren.

Agaricus Blazei Murrill – der ausgewogene Vitaminlieferant

Ursprünglich aus Brasilien stammend, ist auch der Agaricus Blazei Murrill heute auf der ganzen Welt verbreitet. Er ist besser bekannt unter dem Namen Mandelpilz, teilweise auch als Sonnenpilz, Brasilianischer Mandel-Egerling, Lebenspilz oder Cogumelo de Deus verbreitet. Seine Beliebtheit hat der Pilz sehr wahrscheinlich seinem mandelartigem Aroma zu verdanken, das ihm auch seinen Namen gab.

Der Mandelpilz wächst auf kompostreichen Böden und ist sowohl ein Speise- als auch ein Vitalpilz.

Ihm wird eine besonders ausgewogene Konzentration an folgenden Inhaltsstoffen zugesprochen:

- Vitamine und Mineralstoffe
- Eiweiße
- Aminosäuren
- Polysaccharide

Studien haben gezeigt, dass der Pilz besonders begleitend im Kampf gegen Allergien eine gute Wirkung entfalten kann. Der Mandelpilz kann außerdem eine antiinfektiöse und antitumorale Wirkung entfalten und den entsprechenden Teil des Immunsystems in Gang bringen. So kann sogar das Metastasen-Risiko im Falle von Krebs gesenkt werden. Heutzutage wird der Pilz überwiegend begleitend in der Krebstherapie, bei Diabetes, begleitend bei Allergien, zur Leberstärkung und Stimulierung der Immunabwehr eingesetzt.

Auricularia Auricula-Juade – ein Klassiker aus Asien

Dieser Pilz, der auch unter den Namen Auricularia polytricha, Judasohr, Mu-Err (in vielen asiatischen Ländern), Chinesische Morchel und Holunderpilz bekannt ist, gehört ebenfalls sowohl zu den Speise- als auch zu den Vitalpilzen. Er wächst hauptsächlich auf toten oder bereits kranken Laubbäumen wie Birke, Eiche und – am häufigsten – Holunderbäumen. Obwohl er besonders in verschiedenen asiatischen Küchen bekannt und beliebt ist, ist er heutzutage auf der ganzen Welt verbreitet. In vielen asiatischen Ländern wird er bereits seit mehr als 1500 Jahren als Zutat in Suppen und gleichermaßen in der Medizin verwendet.

Der Pilz beinhaltet eine Vielzahl wertvoller Inhaltsstoffe, darunter insbesondere:

- Kalium
- Kalzium
- Magnesium
- Phosphor
- Silizium
- Zink
- Bioaktivstoffe
- Viele wertvolle Eiweiße

Der Pilz ist etwa seit dem 16. Jahrhundert auch in Europa bekannt. Erstmalig von einem Europäer beschrieben wurde er im Jahr 1597: Der britische Botaniker und Heilkräuterexperte John Gerard benannte diesen Pilz in seinen Forschungen und empfahl eine Essenz durch Aufkochen des Pilzes in Milch sowie durch anschließendes Einweichen in Bier. Dies sollte die Wirkstoffe besonders gut zur Geltung bringen und insbesondere ein wirkungsvolles Mittel gegen Halsschmerzen sein. Heute wird der Pilz insbesondere eingesetzt, um

- Entzündungen zu hemmen,
- die Anti-Aging-Therapie zu begleiten,
- Thrombosenprophylaxe durchzuführen,
- Cholesterinsenkung zu erreichen,
- das Herz zu stärken,
- den Blutzucker zu senken,
- die Therapie gegen Sarkome (bösartige Tumore) zu begleiten.

Der Forschung gelang es, aus diesem Pilz ein antikoagulantes, das bedeutet gerinnungshemmendes, Polysaccharid zu isolieren. Der gerinnungshemmende Wirkstoff sorgt dafür, dass sich der Pilz zur Vorbeugung von Thrombosen eignet und das Herz- sowie Schlaganfallrisiko senken kann. Auch zur Vorbeugung von Ischämien und Zellmembranschäden nach einem Herzinfarkt ist dieser Pilz gut geeignet. Daneben besitzt Mu-Err reichlich antioxidative Wirkstoffe. Die Polysaccharide eignen sich als Entzündungshemmer. In Studien an Tieren wurde außerdem festgestellt, dass Mu-Err den Glukose- bzw. Insulinwert regulieren und den Cholesterinwert senken kann. Alles in allem scheint dieser Pilz ein echtes Allroundtalent zu sein und in vielen Therapien unterstützend große Wirkung zu entfalten.

Cordyceps Sinensis

Der Cordyceps Sinensis ist auch unter den Namen Chinesischer Raupenpilz, Tibetischer Raupenpilz, Raupenkeulenpilz oder Jartsa Gunbu bekannt.

Er wächst ausschließlich auf Raupen der Gattung Thitarodes, die in den Hochebenen von Tibet vorkommen. Das bedeutet, dieser parasitäre Pilz wächst auf einer Höhe von 3.000 bis 5.000 Metern. Er ist bislang als Vitalpilz bekannt, wird jedoch nicht als Speisepilz verwendet.

Der Raupenpilz enthält nachgewiesen reichlich:

- Polysaccharide
- Vitamine und Spurenelemente
- Aminosäuren
- die Immunsystem-stabilisierenden Stoffe Ophicordin, Cordycepin und Galactomannan

Diese Mischung macht den Pilz so besonders interessant. In der Traditionellen Chinesischen Medizin wird der Pilz auch als Stabilisierung für die Lebensenergie „Qi“ verwendet.

Modernere Studien an Nagetieren zeigten Verbesserungen der Gehirnfunktionen sowie antioxidative Enzymaktivitäten nach Zuführung dieser Pilze. Besonderes Aufsehen erregte der Pilz im Jahr 1996 durch eine Studie an Marathonläufern. Untersucht wurde, ob der Pilz eine leistungssteigernde Wirkung entfalten kann. Dies wurde inspiriert dadurch, dass in den 90er

Jahren ein regelrechter Medaillenregen bei den Olympischen Spielen auf chinesischer Seite herrschte. Athleten versorgten sich regelmäßig mit diesem Pilz. Die Studie nutzte den Chinesischen Raupenpilz in einer Kombination mit einem verwandten Cordyceps (Cordyceps militaris). Tatsächlich konnte eine athletische Leistungsverbesserung bei 71 % der Teilnehmer festgestellt werden. Später wurde der Pilz auch als Mittel gegen sexuelle Unterfunktionen bei Männern und Libidostörungen bei Frauen eingesetzt. Tierversuche zeigten auch deutlich eine Steigerung männlicher Sexualhormone.

Dieser Pilz wurde schon früh für betagte Menschen als Vitalpilz eingesetzt, insbesondere in der Phase der Rekonvaleszenz, also der Besserungsphase während einer Krankheit. Der Vitalpilz wurde vor allem zur Unterstützung der Sauerstoffaufnahme und Lungenfunktion empfohlen. Heute findet der Raupenpilz außerdem Anwendung beim Anti-Aging, in der sportlichen Leistungssteigerung, in der sexuellen Leistungssteigerung sowie zur Behandlung von Diabetes. Auch zur Stärkung von Leber und Nieren wird der Pilz verwendet.

Corprinus Comatus

Der Coprinus Comatus gehört ebenfalls zu den wichtigsten Vitalpilzen. Dieser Pilz ist ebenfalls als Speisepilz verzehrbar.

Er wächst vor allem an Wegrändern, Parks und auf Wiesen. Verbreitet ist er vor allem in der nördlichen Hemisphäre der Welt. Corprinus Comatus ist auch als Schopftintling, Porzellantintling, Tintenpilz, Tintenschöpfling und Spargelpilz bekannt.

Der Schopftintling ist vor allem für seine reichhaltige Zusammensetzung aus folgenden Stoffen bekannt:

- Polysaccharide
- diverse Vitamine
- zahlreiche Mineralstoffe

Dadurch bereichert er vor allem auch als Speisepilz die Ernährung.

Für Heilzwecke ist besonders das ebenfalls reichhaltig enthaltene Lektin interessant. Der Pilz kann für eine erhöhte Insulinausschüttung und dadurch eine Blutzuckersenkung sorgen. Dabei ist er begleitend bei Diabetes Typ 1 und 2 besonders beliebt. Im Jahr 2001 wurde eine Studie veröffentlicht, in der der Pilz auf krebshemmende Wirkung getestet wurde, wobei sich potenziell positive Effekte zeigten. Eine ähnliche Studie fand im Jahr 2013 in China statt, in der die hemmende Wirkung auf das Wachstum von bösartigen Geschwüren festgestellt werden konnte. Daher wird der Pilz als Vitalpilz insbesondere begleitend bei der Therapie gegen Diabetes, Brustkrebs, Sarkomen und hormonabhängigen Tumoren eingesetzt.

Ganoderma Lucidum

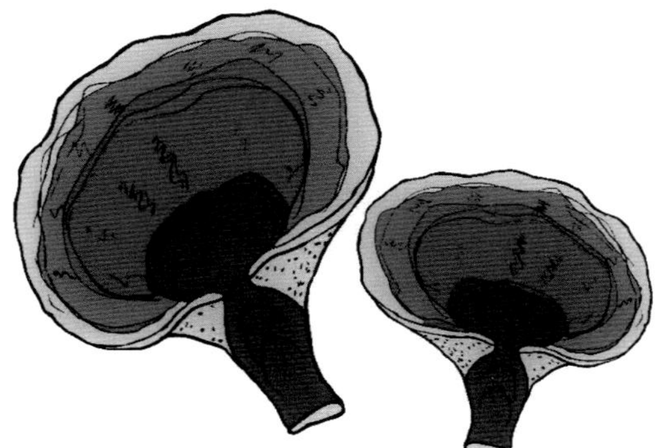

Ganoderma Lucidum ist am besten unter dem Namen Reishi (aus dem Japanischen) bekannt. Man kennt ihn an anderen Orten auch unter den Namen Ling Zhi/ Ling Chi (vor allem in China), Mannetake, Zehntausend-Jahre-Pilz oder Glänzender Lackporling.

Der Pilz gehört zu den Saprophyten und wächst vor allem auf Laubbäumen wie Eichen und Birken. Dabei bevorzugt er warme Wälder, etwa Eichen- oder Eichenmischwälder und Rotbuchenwälder. In weniger häufigen Fällen ist er auch an Hecken und in Parks sowie am Wegrand auffindbar. Der Pilz ist vorwiegend in mediterranen und gemäßigten Gegenden verbreitet, erreicht aber innerhalb Europas eine Ausdehnung bis nach Skandinavien. Der Reishi ist zwar ein beliebter Vitalpilz, kann jedoch nicht als Speisepilz verzehrt werden.

Der Reishi ist bereits seit mindestens 4.000 Jahren als Vitalpilz bekannt – so lange zumindest können die Überlieferungen zurückgeführt werden. Er ist reich an:

- Eisen
- Magnesium
- Zink
- Kupfer
- Kalzium
- Mangan
- Germanium
- Polysacchariden
- Vitaminen (insbesondere B-, D- und E-Vitaminen)

Aufgrund dieser Eigenschaften wird der Pilz in vielen asiatischen Ländern – insbesondere in Japan – als Symbol für ein langes Leben und Gesundheit genutzt.

Dem Pilz konnten entzündungshemmende Wirkungen nachgewiesen werden, weshalb er besonders in der Bekämpfung von Allergien Anwendung findet. Daneben wird ihm jedoch ein breites Wirkungsspektrum zugesprochen, basierend auf den zahlreichen und vielseitigen positiven Inhaltsstoffen. Da der Pilz außerdem beruhigend wirken kann und bei Schlaflosigkeit eingesetzt wird, ist er auch als „Pilz des Geistes“ bekannt. Heute findet er in der Therapie mit Pilzen vor allem in folgenden Bereichen Anwendung:

- Bei Allergien
- In der Krebstherapie (begleitend)
- Bei Bluthochdruck
- Bei Schlaflosigkeit
- Bei Gelenkrheumatismus
- Im Anti-Aging-Bereich
- Zur Stärkung von Leber und Immunabwehr
- Zur Prävention von Herz-Kreislauf-Erkrankungen

Grifola Frondosa

Grifola Fondosa, besser bekannt unter dem Namen Maitake, ist sowohl ein Vitalpilz als auch ein Speisepilz. Weitere Bezeichnungen sind Klapperschwamm, Laubporling, Spatelhütiger Porling und Huai Su Gu.
Er wächst vorwiegend an Stümpfen oder der Basis von toten Laubbäumen wie Ulmen und Birken. Auch an sterbenden, aber noch nicht toten Bäumen kann der Maitake gedeihen. Auf Kiefern oder Nadelhölzern wurde der Pilz nur sehr selten gefunden. In der Regel gehören nur Laubbäume zu seinen Wirten.

Der Pilz galt vor allem aufgrund seiner wertvollen Inhaltsstoffe als Besonderheit. So beinhaltet der Maitake insbesondere wertvolle Polysaccharide.

Im asiatischen Raum war der Maitake bereits vor vielen Jahrhunderten bekannt. Allerdings war er eher eine kostbare Besonderheit, dessen Fundstellen häufig geheim gehalten wurden. Sein buschartiges Aussehen, das die perfekte Tarnung in Wäldern ermöglicht, unterstützte diese Haltung. Heutzutage wird der Maitake vor allem als Speisepilz verwendet. Als solcher ist er vor allem im asiatischen Raum beliebt, er hat aber auch seinen Weg in die europäischen und amerikanischen Küchen gefunden. Der hohe Nährwert und die wertvollen Wirkstoffe machen den Pilz zu den beliebten Lieferanten wichtiger Stoffe. Ist der Pilz mit Fruchtkörper vollständig ausgewachsen, kann er auch getrocknet und zu einem Tee verarbeitet werden. Moderne Forschungsinstitute forschen nach wie vor an dem Pilz und seinen heiltherapeutischen Eigenschaften. Eingesetzt wird er heutzutage insbesondere begleitend in der Krebstherapie, bei Bluthochdruck sowie zur Stimulierung des Immunsystems. Außerdem zeigten moderne Tierversuche, dass der Pilz den Blutzuckergehalt reduzieren und die Cholesterinwerte regulieren kann. Das macht ihn derzeit auch zu einem beliebten Mittel, das begleitend bei der Behandlung von Diabetes eingesetzt wird. Dies entspricht überwiegend den traditionellen Einsatzgebieten des Pilzes.

Hericium Erinaceus

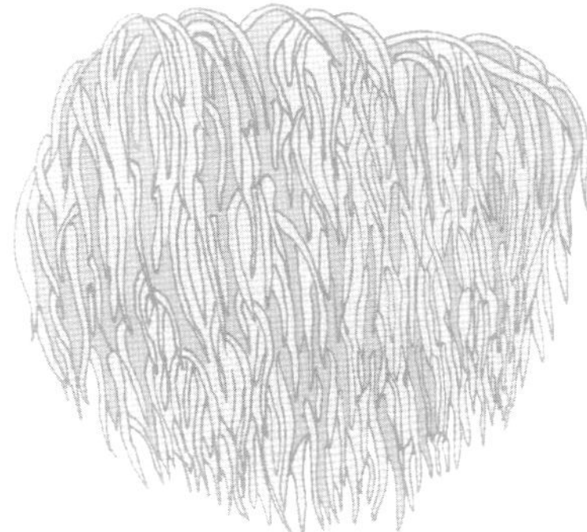

Der Hericium Erinaceus ist am besten unter dem Namen Igelstachelbart bekannt. Diesen Namen trägt er aufgrund seiner einzigartigen rundlich-ovalen Form, die auf der Außenseite mit dicht stehenden langen Stacheln bedeckt ist. Andere Synonyme sind Affenkopfpilz, Löwenmähne oder Pom-Pom blanc.

Dieser beliebte Vital- und Speisepilz wächst vor allem auf Laubbäumen wie Eiche, Walnuss und Platane. Er wächst in Europa, Nordamerika und einigen asiatischen Gebieten, insbesondere im Spätsommer und Herbst. Insbesondere in China gilt dieser Pilz als beliebter Speisepilz. Im gekochten Zustand erinnert sein Geschmack sogar an Hummer. Gesundheitliche Vorzüge hat dieser Pilz ebenfalls. Er ist reich an:

- Kalium
- Eisen
- Selen
- Zink
- Phosphor
- Germanium

Zudem beinhaltet er viele essenzielle Aminosäuren und Polypeptide.

Studien untersuchten die Wirkung des Pilzes insbesondere bei Demenz. Dort wurden bei zahlreichen Patienten Verbesserungen in den Bereichen Verstehen, Gedächtnis und Kommunikation festgestellt. Auch funktionale Verbesserungen wurden in vielen Bereichen wahrgenommen, beispielsweise beim Essen oder Anziehen. Heute wird der Pilz begleitend bei Nervenerkrankungen und Demenz eingesetzt. Auch in Fällen von Multipler Sklerose, Neuropathie, MRSA, Sarkom und Gastritis kann der Pilz hilfreich sein.

Lentinula Edodes

Lentinula Edodes, auch als Shiitake oder Pasaniapilz bekannt, ist in Japan, Korea und China beheimatet.

Er wächst saprobiotisch auf Laubhölzern, besonders auf der Pasania (der sogenannten Scheinkastanie). Shiitake ist sowohl als Speise- als auch als Vitalpilz bekannt. In seinen Heimatländern wird er bereits seit mehr als 2000 Jahren verwendet. Nach dem Champignon gilt der Shiitake als begehrtester Speisepilz.

Shiitake besitzt einen Stoff namens Lentinan, der in Studien unterstützende gesundheitsfördernde Wirkungen in der Krebstherapie zeigte. Shiitake hat außerdem einen hohen Vitamin-B-Gehalt aufzuweisen.

Gesundheitliche Verbesserungen wurden insbesondere bei Chemotherapie-Patienten mit Magenkrebs festgestellt. Auch bei Darmkrebs-, Brustkrebs-, Leberkrebs- und Prostatakrebspatienten konnten Verbesserungen festgehalten werden. So wurden die Überlebenschancen verbessert und die Nebenwirkungen der Chemotherapie verringert.

Bestimmte Myzelextrakte sind in Japan bereits seit den Sechzigern zur Magenkrebsbehandlung zugelassen. Daneben wird der Pilz heutzutage begleitend in der Cholesterinkontrolle, der generellen Krebstherapie, begleitend bei Hepatitis B und HIV sowie zur Prävention von Arteriosklerose eingesetzt.

Pleurotus Ostreatus

Der Pleurotus Ostreatus, oder auch Austernpilz, gehört sowohl zu der Speise- als auch zu den Vitalpilzen. Je nach Standort ist er auch unter den Synonymen Austernseitling, Kalbfleischpilz und Hiratake bekannt.

Er ist weltweit verbreitet und lebt auf kranken und toten Laubbäumen. Selten wächst er auch auf Nadelhölzern. Der Austernpilz gehört zu den beliebtesten Zuchtpilzen, da er sehr robust ist. Außerdem ist der Pilz sehr vitaminreich und beinhaltet beispielsweise:

große Mengen an Folsäure
Vitamin C
Vitamin D
Vitamin B1, B2, B5, B6 und B

Zudem ist er reich an essentiellen Aminosäuren und – verhältnismäßig – proteinreich.

Aufgrund dieser wertvollen Inhaltsstoffe ist der Pilz auch als Anti-Aging-Mittel und als Maßnahme zur Stabilisierung des Immunsystems bekannt. Ihm werden außerdem eine blutfettreduzierende und dadurch cholesterinkontrollierende Wirkung zugeschrieben.

Polyporus Umbellatus

Der Eichhase – unter welchem Namen dieser Pilz besser bekannt ist – ist ein Vital- und Speisepilz.

Er wächst auf kalziumreichen Böden und abgestorbenen Hölzern (beispielsweise toten Wurzeln oder Baumstümpfen). Der Eichhase ist vor allem auf dem nordamerikanischen Kontinent und in Asien verbreitet. Aber auch in West- und Ostsibirien, im Kaukasus, in Pakistan und in einigen zentral- und osteuropäischen Regionen wächst dieser Pilz. Der Eichhase lebt als Saprobiont oder als Parasit am Holz.

Aufgrund seines hohen Gehaltes an Polysacchariden, B-Vitaminen und Steroiden wird er heute in den unterschiedlichsten Bereichen genutzt.

Zu den Einsatzgebieten gehören vor allem:

- Als Haarwuchsmittel
- Als Diuretikum (wasserausscheidend)
- Begleitend zur Krebstherapie

Studien zeigten, dass die Gabe der Inhaltsstoffe dieses Pilzes die Lebensqualität von Chemotherapie-Patienten verbessern kann. Auch das Immunsystem scheint durch Einnahme des Pilzes gestärkt werden zu können: Eine hohe Zahl aktiver Fresszellen des Körpers wurden entdeckt.

Trametes Versicolor

Dieser Vitalpilz ist am besten unter dem Namen Schmetterlingstramete oder Truthahnschwamm bekannt. Die Bezeichnung erhielt er aufgrund seines spannenden Aussehens: Er bildet mindestens zwei, meistens sechs, hin und wieder auch acht Zentimeter breite flache Konsolen, die bis ins Rosettenförmige gehen. Aufgrund dieser Optik wird der Pilz nicht nur als Vitalpilz, sondern manchmal schlichtweg als Dekoration genutzt.

Beheimatet ist die Schmetterlingstramete hauptsächlich in Mitteleuropa. Dort wächst sie überwiegend saprobiontisch auf Holz wie Rotbuche, Birke oder Weide. Das können auch Stümpfe, Stapelholz oder liegende Baumstämme sein. Teilweise wächst der Pilz jedoch auch als Schwächeparasit auf alten Bäumen, Ästen und Zweigen.

Die Schmetterlingstramete wird insbesondere aufgrund ihrer Polysaccharid-Peptide und proteingebundener Polysaccharide in der Traditionellen Chinesischen Medizin verwendet.

Studien zeigten weiterhin, dass aus diesem Pilz gewonnene Extrakte die Leber stärken können. Heutzutage wird der Pilz bei Herpes eingesetzt und soll Ausbrüche deutlich reduzieren. Die Bekämpfung des chronischen Müdigkeitssyndroms durch Verbesserung der Immunsystemqualität wird derzeit untersucht. Eine verbesserte Aktivität der Killerzellen konnte bei Patienten nach zweimonatiger Einnahme dieser Pilzextrakte bereits festgestellt werden. Die Schmetterlingstramete kommt ferner zum Einsatz bei der Krebstherapie (begleitend) und der Therapie von HIV (begleitend). Auch eine positive Wirkung beim Einsatz in der Therapie gegen CIN I (Zervikale ***Intraepitheliale*** Neoplasie) konnte festgehalten werden.

Auf einen Blick:

Vitalpilze

Vitalpilze, auch Medizinalpilze oder Heilpilze genannt, sind vor allem für ihre heiltherapeutische und immununterstützende Wirkung bekannt. Auch wenn sie derzeit in Deutschland nicht als offizielle Arznei zugelassen sind, kennt man ihre therapeutischen Wirkungsweisen schon seit Jahren und findet sie immer wieder in modernen Studien bestätigt. Besonders in der Traditionellen Chinesischen Medizin haben Heilpilze eine große Bedeutung. Ihre Einsatzgebiete sind sehr vielseitig. So können Pilze beispielsweise entzündungshemmende Wirkungen entfalten, der Cholesterinsenkung dienen, die Therapie bei Allergien unterstützen und sogar begleitend in der Krebstherapie eingesetzt werden. Zwölf der wichtigsten Vitalpilze haben Sie in diesem Kapitel kennengelernt. Keine Sorge: Sie müssen nicht alles über jeden dieser Pilze auswendig lernen. Die Übersicht soll Ihnen lediglich zeigen, welche Talente Pilze mit sich bringen können und warum sie so beliebt sind. Außerdem haben Sie hier einen guten Überblick über die Vielseitigkeit der Pilze bekommen und können damit beginnen, sich nähere Gedanken über Ihre persönliche Auswahl zu machen. Vielleicht haben Sie schon den einen oder anderen Favoriten entdeckt? Bevor es an den praktischen Teil dieses Buches geht, lernen Sie in den nächsten Kapiteln weitere spannende Hintergrundinformationen zum Thema Pilze. Lesen Sie im Folgenden mehr über das Zusammenspiel von Pilzen und Pflanzen und über die Geheimnisse der Symbiosen.

So düngt sich die Natur selbst: Teamwork von Pflanzen & Pilzen

Die Natur hat so einige kleine und große Wunder zu bieten. Eines davon dürfte wohl die Art sein, wie sie sich selbst düngt. Ein fabelhaftes Zusammenspiel von Pilzen und Pflanzen sorgt dafür, dass die Natur stets auf ihren Nährstoffhaushalt achtet.

Mykorrhiza-Pilze und ihre lange Bindung an die Pflanzen

Zur Erinnerung: Mykorrhiza ist eine Symbiose aus Pilzen und Pflanzen – vor allem Bäumen –, bei denen Pilzmyzelien sich mit dem Feinwurzelsystem der Pflanzen verbinden. Der Begriff stammt aus dem Griechischen und bedeutet so viel wie „Pilzwurzel“. Pilze, welche diese Art von Verbindung eingehen, werden Mykorrhiza-Pilze genannt. Dazu zählen beispielsweise der Birkenröhrling, der Butterpilz, der Kaiserling, der Maronenröhrling, der Steinpilz, der Trompetenpfifferling und der Austernpilz.

Mykorrhiza: Pilzmyzelien im Waldboden, natürlicherweise mit Baumwurzeln verbunden.

Mykorrhiza-Pilze spielen im Kontext der Symbiose zwischen Pilz und Pflanze eine große Rolle. Sie sind darauf spezialisiert, die Wurzeln diverser Pflanzen zu kolonisieren, das bedeutet, sie zu bewachsen. Um diese Aufgabe bestens ausüben zu können, sind ihre Myzelfäden wesentlich feiner und können tiefer in den Boden vordringen als die Wurzeln der Pflanze. Die Myzelfäden des Mykorrhiza-Pilzes binden sich dabei an die Pflanze und erweitern sozusagen deren Wurzelsystem. So kann die Pflanze mit Hilfe der Myzelfäden wesentlich besser Nährstoffe und Wasser aus der Erde absorbieren. Ihre Absorptionsfläche wird durch die Pilze nicht nur größer, sondern dringt auch in andere Schichten der Erde vor. Die Symbiose hat für die Pflanze daher einen enormen Vorteil. Die Mykorrhiza-Pilze bestehen bereits seit vielen Millionen von Jahren. Fossile Funde lassen darauf schließen, dass sie sich zeitgleich mit den ersten Urpflanzen entwickelt haben – vor beeindruckenden 500 Millionen Jahren. Die Symbiose war so erfolgreich in der evolutionären Entwicklung, dass sie nicht nur all die Zeit überdauerte – sie besteht mittlerweile bei etwa 90 % aller bekannten Pflanzenarten. Es ist sehr wahrscheinlich, dass dieser erfolgreiche Zusammenschluss ein Grund dafür ist, dass eine so umfangreiche Vegetation auf dem Festland möglich war.

Symbiose – was bedeutet das für Mykorrhiza und die Pflanzen?

Die Symbiose zwischen den Mykorrhiza-Pilzen und den Pflanzen sorgt dafür, dass sich beide Wesen gegenseitig unterstützen und Nutzen aus sich ziehen. Doch wie genau funktioniert dieser besondere Vorgang?

Die Myzelfäden des Pilzes umschließen bereits die Wurzelstruktur des Pflanzenkeimlings. Dabei handelt es sich um ein großes Netzwerk von mikroskopisch feinen Fäden, das bereits zu einer frühen Erweiterung der Wurzeloberfläche führt. Die minimale Größe der Fäden erleichtert das Eindringen tief in die Erde und somit eine verbesserte Wasser- und Nahrungsaufnahme der Pflanze, die wiederum für ein stärkeres Wachstum sorgt. Gleichzeitig werden durch die verbesserten Bedingungen einheitliches Wachstum, mehr Blüte und höhere Fruchterträge gesichert und auch das Blattvolumen kann von der Symbiose mit dem Pilz profitieren. Aus diesen Gründen ist die Symbiose auch für Gärtner ein erstrebenswerter Faktor. Die Pilze können jedoch nicht nur dafür sorgen, dass die Pflanze größere Mengen an Nährstoffen aufnehmen kann, teilweise können sie sogar erreichen, die Pflanze mit Nährstoffen zu versorgen, die sie allein gar nicht aus dem Boden hätte ziehen können. Durch die Versorgung mit bestimmten Vitalstoffen wird die Pflanze außerdem besser vor Krankheiten und Schädlingen geschützt.

In nur einem Fingerhut Erde können mehrere Kilometer Myzelfäden vorhanden sein. Diese starke Verbreitung zeigt, warum Pflanzen, die auf keinem natürlichen Boden wachsen, einen hohen Düngerverbrauch haben, um ausreichend Erträge zu erzielen. Dort, wo keine Pilzkulturen für die verbesserte Nährstoffaufnahme sorgen, ist das Immunsystem der Pflanze geschwächt und ihre Erträge sind gering. Andersherum können sich viele Gärtner das Düngen sparen, wenn sie ihre Pflanzen mit Mykorrhiza-Pilzen in Symbiose bringen. Die Natur düngt sich selbst!

Zuletzt haben die Pilze eine weitere faszinierende Funktion: Sie können Wasser nicht nur abgeben, sondern auch dosieren. Dafür saugt sich zunächst der Pilz wie ein Schwamm mit Wasser aus der Erde voll und gibt dann passende Dosierungen an die Pflanze ab. Das bedeutet, dass die Pflanze mit ausreichend Wasser versorgt wird und auch Dürreperioden besser überstehen kann. Im Umkehrschluss bedeutet dies zusätzlich, dass die Pflanze vor allzu feuchter Erde geschützt wird – denn der Pilz dosiert in dem Fall einfach geringere Mengen an Wasser.

Ein bereichernder Bestandteil der Natur

Nicht nur den Pflanzen kommt der Mykorrhiza-Pilz zugute. Auch die Erdstruktur als solche wird durch den Anwohner verbessert. Der Pilz produziert sogenannte ‚Erdpölster' und Klebstoffe, die sich mit der Erde verbinden. Diese Verbindungen verbessern die Erdporosität.

Unter Erdpölster und Klebstoffen versteht man diverse organische Verbindungen in der Erde. Sogenannte extrazelluläre Polysaccharide sind beispielsweise organische Klebstoffe, die aus Verbindungen von Mikroorganismen bestehen.

Davon profitieren einerseits die Pflanzen – durch die verbesserte Belüftung und leichtere Nährstoffaufnahme –, andererseits auch viele andere Lebewesen. Auch für viele Bewohner der Walderde sind die Nährstoff- und Überlebensbedingungen besser. Viele Erdbewohner mögen den verbesserten Sauerstoffgehalt und das gute Angebot an Nahrungsmitteln. Davon wiederum profitieren größere Tiere, die sich von den kleineren ernähren. Letztlich profitiert der ganze Wald davon, da diese Erdbewohner zum Großteil auch für die Kompostierung und Zersetzung von totem Material verantwortlich sind. Naturbelassene Erde ist normalerweise reich an Mykorrhiza-Pilzen, weshalb die Pflanzen dort wachsen und gedeihen können, ohne dass menschliche Unterstützung notwendig wäre. Industriell aufbereitete Erde beinhaltet hingegen in den allermeisten Fällen keine Pilzkulturen. Daher müssen Gärtner zu Hause und im großlandwirtschaftlichen Bereich nachdüngen. Es scheint fast einfacher, die Pflanzen mit Pilzen in Kontakt zu bringen und die Natur die gesamte Arbeit alleine machen zu lassen – doch leider gedeihen die Pilze unter vielen modernen Praktiken schlecht.

Das Entfernen von Muttererde, moderne Feldaufbereitung, Begasung zur Schädlingsbekämpfung, Monokulturen sowie Straßen- und Hausbau sind nur einige der zahlreichen menschlichen Handlungen, die dem Pilzwachstum schaden. Wird das Gleichgewicht im Boden zerstört, verschwinden jedoch nicht nur die Pilze, sondern auch zahlreiche andere Lebewesen. Die Pflanzen, die unter diesen Bedingungen ertragreich wachsen sollen, müssen reichlich gedüngt und versorgt werden. Eine übermäßige Düngung kann jedoch wiederum dem Boden schaden. Im Grunde startet der Mensch so einen Teufelskreis, der schwer zu durchbrechen ist. Das unglaubliche Potenzial, das in Mykorrhiza-Pilzen steckt, sollte daher auf keinen Fall vergessen werden. Wer zu Hause Pflanzen züchtet und insbesondere Bäume zur Verfügung hat, hat die Gelegenheit, durch die Pilzsymbiose einen Vorteil zu erhalten. Pilze zu züchten ist nicht nur um des Pilzes willen ein spannendes Unterfangen – der Pilz kann auch andernorts in Gärten zu Verbesserungen führen und so langfristig einen enormen Beitrag zu einer gesunden Umwelt leisten.

Leben mit & für andere: Die symbiotischen Verbindungen

Symbiotische Verbindungen dürfen ebenfalls zu den kleinen besonderen Naturwundern gezählt werden. Diese faszinierenden Naturphänomene verleihen der Natur ihr einzigartiges Aussehen. Zahlreiche Pflanzen – darunter auch Nutzpflanzen – sind auf die Zusammenarbeit mit anderen Lebewesen angewiesen. Das beginnt schon bei der Bestäubung durch Bienen. Für das gesamte Ökosystem sind die unterschiedlichsten Arten von Zusammenarbeit zwischen Lebewesen unbedingt notwendig.

Symbiosen finden sich überall

Das Wort Symbiose stammt aus dem Altgriechischen und bedeutet so viel wie „Zusammenarbeit zwischen Lebewesen" oder „Lebensgemeinschaft". Charakteristisch für Symbiosen ist der **gegenseitige Nutzen** – das unterscheidet symbiotische Wesen auch vorrangig von parasitären. Allerdings sind die Definitionen hier nicht immer eindeutig. So werden in Europa nur die Lebewesen, die in Gemeinschaften gegenseitigen Nutzens leben, als Symbiosen bildende Wesen bezeichnet. Im US-amerikanischen Raum hingegen ist Symbiose ein Überbegriff für alle Arten von Gemeinschaften – auch von parasitären. In vielen Symbiosen unterstützen sich die Lebewesen untereinander. Es gibt jedoch auch Symbiosen, in denen die Wesen ohneeinander nicht leben können. Lebewesen, die eine Symbiose eingehen, werden zudem als Wirt und Symbiont bezeichnet. Das größere Lebewesen ist der Wirt, das kleinere der Symbiont.

Erste Symbiosen wurden durch den deutschen Naturforscher **Anton de Bary** festgestellt.

Steckbrief:
Anton de Bary war ein deutscher Mediziner, Naturwissenschaftler, Mykologe und Botaniker. Er wurde am 26. Januar 1831 unter dem Namen Heinrich Anton de Bary in Frankfurt am Main geboren. 1849 begann er mit dem Medizinstudium, was er in Heidelberg und Marburg absolvierte. Schon 1853 promovierte er in Berlin. Nach einem Jahr Arbeit als Arzt entschied er sich für eine Laufbahn in der Botanik. Im Alter von nur 24 Jahren wurde er Professor und Direktor des Botanischen Gartens in Freiburg. Neben seinen bahnbrechenden Erkenntnissen im Bereich der Flechten ist er vor allem auch durch seine Arbeit im Bereich der vergleichenden Anatomie von höheren Pflanzen, Algen und Pilzen bekannt geworden.

Er beschäftigte sich vorrangig mit Flechten, einer sehr engen Form von Symbiose zwischen Pilzen und Grünalgen oder Bakterien. So glaubte man vor seiner Zeit noch, dass Pflanzen im Krankheitsfall Pilze erzeugen. Anton de Bary jedoch fand heraus, dass der Pilz überhaupt die Ursache für die pflanzliche Krankheit war (da er als Parasit auf ihr lebte). Dies brachte die Forschung vermehrt in Richtung Zusammenschlüsse zwischen verschiedenen Lebewesen – wie etwa zwischen Pflanzen und Pilzen. Die vermehrte Forschung brachte de Bary bald in Richtung Symbiosen. Er musste feststellen, dass unter anderem Flechten Zusammenschlüsse aus zwei Lebewesen sind, die sich gegenseitig stärken (anders als die bis dahin überwiegend bekannten parasitären Pilze).

Gelbe und graue Flechten auf einem Baum

Am häufigsten kommen Symbiosen zwischen Pflanzen, Pilzen und Bakterien vor. Auch Symbiosen mit Tieren sind jedoch in der Natur vorhanden, wie die aus Bienen und Pflanzen (mit Blüte) oder Fischen und Muscheln.

Verschiedene Symbiosen

Symbiosen können auf verschiedene Arten und Weisen auftreten. Unterschieden werden sie insbesondere durch ihren Grad der gegenseitigen Abhängigkeit, der Art des Nutzens sowie der räumlichen Beziehung zwischen Wirt und Symbiont.

Symbiosen nach Grad der Abhängigkeit

Werden Symbiosen nach dem Grad der gegenseitigen Abhängigkeit unterschieden, lassen sich vor allem drei verschiedene Symbiosen festhalten:

1. Die Protokooperation (auch Allianz genannt)
2. Der Mutualismus
3. Die Eusymbiose

Protokooperation

Eine Protokooperation (aus dem Griechischen, „protos“ = „erster“, „vorderer“) oder Allianz ist eine Verbindung, die das Überleben der Beteiligten zwar erleichtert, jedoch keine notwendige Voraussetzung dafür ist.

Sowohl Wirt als auch Symbiont einer Protokooperation sind eigenständig überlebensfähig. Man spricht auch von einer *fakultativen* Symbiose. Trotzdem erhalten beide Wesen Vorteile durch die Symbiose, was den Nutzen erklärt. Die Protokooperation ist die schwächste Form der Abhängigkeit und die schwächste Form der Symbiose – Sie müssen sich dieses Zusammensein wie eine Kooperation zwischen Geschäftspartnern vorstellen.

Ein gutes Beispiel für die Protokooperation stellt die Symbiose aus Madenhacker und Wildtieren dar. Madenhacker sind Vögel, die kleine Parasiten und Insekten fressen. Sie gehen mit großen Wildtieren – etwa Rehen – eine Putzsymbiose ein: Sie picken Parasiten, die sich in Fell und Haut des Wildtieres eingenistet haben, heraus und fressen sie. Die Vögel erhalten Nahrung und die Wildtiere leben parasitenfrei. Der Madenhacker könnte sich aber auch anderswo Nahrung beschaffen und das Wildtier würde auch mit den kleinen Plagegeistern weiterleben.

Mutualismus
Der Mutualismus ist die mittlere Form der Abhängigkeit (der Begriff kommt aus dem Lateinischen, „mutuus“ = „gegenseitig“, „wechselseitig“)

Auch hier können Symbiont und Wirt eigenständig überleben, erhalten durch die Symbiose aber weitaus größere Vorteile und Überlebenschancen.

Ein spannendes Beispiel hierfür sind Seeanemonen, die sich auf Muscheln von Einsiedlerkrebsen festsetzen. Sie schützen mit ihrem Gift den Krebs vor Fressfeinden. Gleichzeitig trägt der Krebs die Anemone durch die Gegend, was ihr eine größere Chance auf Beute bietet. Die Anemone könnte sich alleine nicht fortbewegen. Im Vergleich zur Allianz aus Wildtier und Madenhacker lassen sich hier insbesondere zwei Unterschiede feststellen: Die Vorteile der Symbiose sind im Fall von Krebs und Seeanemone deutlich größer und die Verbindung ist deutlich langlebiger. Die Seeanemone setzt sich auf der Muschel des Krebses fest, während sich der Vogel nur kurz auf dem Wildtierrücken absetzt und bald wieder weiterfliegt.

Eusymbiose
Die stärkste Form der Symbiose schließlich ist die Eusymbiose (abgeleitet aus dem Griechischen, „eu“ = „gut“, „hervorragend“).

Dabei sind Symbiont und Wirt so abhängig voneinander, dass sie nur miteinander überlebensfähig sind. Diese Symbiose wird daher auch als *obligatorische* oder *obligate* Symbiose bezeichnet.

Ein spannendes Beispiel hierfür sind Blattschneideameisen und Ameisenpilze. Die Ameisen legen Pilzfarmen an, vermehren und pflegen die Pilze und ernähren sich im Anschluss von ihnen. Sie sorgen jedoch stets dafür, dass der Pilz weiterlebt und größer wird, da ihnen sonst auch die Nahrung ausgehen könnte. Sie brauchen den Pilz zum Überleben. Der Pilz wiederum wird durch die Ameisen vor dem tödlichen Schlauchpilz geschützt. Ohne die Ameisen könnte er schnell von ihm befallen und vernichtet werden. Auch er benötigt die Ameisen überwiegend zum Überleben. Spannend an dieser Symbiose ist, dass sich die Ameisen selbst von dem Pilz ernähren und gleichzeitig für sein Überleben verantwortlich sind.

Symbiosen nach Art des Nutzens
Symbiosen können auch nach der Art des Nutzens eingeteilt werden. Dabei können sie insbesondere folgende Nutzen haben:

1. Fortpflanzung
2. Stoffwechsel
3. Schutz

Pilze, die mit Pflanzen Symbiosen eingehen und einander gegenseitig mit Nährstoffen versorgen, gehen beispielsweise eine Stoffwechselsymbiose ein. Bienen, die Pflanzen bestäuben, leben in einer Fortpflanzungssymbiose. Und Ameisen, die Blattläuse beschützen, weil sie aus ihnen Zuckerlösungen gewinnen, bilden für die Blattläuse eine Schutzsymbiose.

Symbiosen nach räumlicher Beziehung

Die Unterscheidung nach räumlicher Beziehung findet ebenfalls in drei Kategorien statt:

1. Die **Endo**symbiose
2. Die **Exo**symbiose
3. Die **Ekto**symbiose

Endosymbiose

Die Endosymbiose (Endo = aus dem Griechischen für „innerhalb") bezeichnet eine Symbiose, bei der der Symbiont in den Körper des Wirtes aufgenommen wird. Er lebt fortan in diesem Körper und kann sich dort ernähren. Im engeren Sinne wird zwischen der primären Endosymbiose (ein Organismus mit einem Zellkern geht die Verbindung mit einem Bakterium ein) und der sekundären Endosymbiose (zwei Organismen ohne Zellkern gehen eine Beziehung ein) unterschieden. Die Lebewesen entwickeln sich meist zu anderen Organismen weiter.

Exosymbiose

Bei der Exosymbiose (Exo = aus dem Griechischen für „außerhalb") sind Wirt und Symbiont nur oberflächlich miteinander verbunden. Beispiele sind bestimmte Flechtenarten, bei denen der Pilz die Grünalge nur umklammert. Im Rahmen der Exosymbiose lebt der Symbiont nicht in oder auf seinem Wirt, sondern eher neben ihm. Allerdings sitzt er dort meist permanent.

Ektosymbiose

Bei der Ektosymbiose (Ekto = aus dem Griechischen für „außer", „außerhalb") lebt der Symbiont außerhalb des Wirtes, setzt sich aber vorübergehend auf ihm nieder – beispielsweise die Bienen und Blüten oder der Madenhacker und die Wildtiere.

Symbiosen in der ganzen Welt

Eine Symbiose zeichnet sich durch den gegenseitigen Vorteil beider Parteien aus. Daneben kennt die Natur noch zwei andere Zusammenkünfte von Lebewesen: Den **Kommensalismus**, auch **Probiose** genannt, und den **Parasitismus**. Im Parasitismus erhält ein Lebewesen, wie bereits erwähnt, Nachteile.

Probiose

Im Kommensalismus bzw. in der Probiose hat eine Partei Vorteile, ohne dass die andere Partei dadurch stark beeinflusst wird. Der Organismus mit den Vorteilen wird Kommensale oder auch Gast genannt. In einer solchen Beziehung ist es dem anderen Lebewesen egal, ob die Zusammenkunft gebildet wird oder nicht. Beispiele dafür finden sich vor allem in der Tierwelt:

So folgen einige Aasfresser Jägern durch die Savanne, um sich nach ihnen an den Resten der erbeuteten Tiere zu nähren. Während die Aasfresser durch die Jäger einen erheblichen Vorteil ziehen – mitunter sogar auf sie angewiesen sind –, erfahren die Jäger selten Vor- oder Nachteile durch die Aasfresser. Sofern die Aasfresser nur verzehren, was die Jäger sowieso übrig lassen, ist es ihnen egal, ob sie ihnen folgen oder nicht.

Einige Höhlenbrüter unter den Vögeln nutzen die vom Specht geschlagenen Baumhöhlen zum Brüten. Spechte bilden jedes Jahr neue Höhlen, verwenden ihre alten also nicht wieder. Ihnen ist es egal, wer sich nach ihnen in die leer stehenden Höhlen einnistet. Die Höhlenbrüter hingegen haben so bereits eine geeignete Höhle gefunden, ohne viel dafür tun zu müssen.

Der Fisch Bitterling nutzt Muscheln als Ablage für seine Eier. Er ist zwingend auf die Muscheln angewiesen, während die Muschel durch diese Koexistenz weder Vor- noch Nachteil erfährt.

Neutralismus

Entstehen in einer Probiose weder Vorteile noch Nachteile, spricht man von einem Neutralismus. Auch solche Bindungen sind in der Natur vorhanden. So bilden beispielsweise einige Krebse und Seepocken Verbindungen, die scheinbar keinerlei Nutzen für eine Partei haben. Allerdings ist der fehlende Nutzen sehr schwer nachzuweisen. Viel mehr ist es so, dass kein Nutzen nachgewiesen werden kann – und darauf das Gegenteil geschlossen wird.

Symbiogenese
Letztlich gibt es in der Natur sogar Symbiosen, bei denen unterschiedliche Lebewesen miteinander verschmelzen. Sie bilden dann ein neues Lebewesen. Dieser Vorgang wird Symbiogenese genannt. Dazu gehören vor allem Endo- und Ektosymbiosen im mikrobiellen Bereich. Ein gutes Beispiel für die Symbiogenese sind Flechten. Diese Wesen entstehen aus der Symbiose zwischen Pilzen und Grünalgen. Erst durch den Zusammenschluss beider Arten entsteht die typische Wuchsform, die an ein Geflecht erinnert. Der Kontakt zwischen den Pilzen und den Grünalgen kann auf unterschiedliche Art und Weise hergestellt werden. Pilze können locker neben dem Symbiosepartner liegen, ihn mit ihren Hyphen umklammern oder sogar in ihn eindringen. Dringt der Pilz in den Symbiosepartner ein, ist dies ein klassisches Beispiel für Symbiogenese durch Endosymbiose (also eine Symbiose, bei der der Symbiont in den Körper des Wirtes aufgenommen wird). Liegt der Pilz hingegen locker neben dem Wirt, entsteht eine Ektosymbiose, aus der über kurz oder lang die Symbiogenese entsteht. Pilze, die ihren Wirt umklammern, bilden wiederum eine exosymbiotische Verbindung, aus der dann wiederum die Symbiogenese entsteht.

Symbiosen treten in allen möglichen Formen und Varianten auf. Übrigens gehen auch Menschen Symbiosen ein: So leben in unseren Körpern Bakterien in einem endosymbiotischen Zustand (= Aufnahme im Körper). Sie leben in der menschlichen Darmflora und sind dort in einem mutualistischen Zustand (=mittlere Abhängigkeit). Ohneeinander könnten Mensch und Bakterium zwar überleben, sie hätten aber erhebliche Nachteile. Die Darmflora des Menschen wäre beispielsweise aus dem Gleichgewicht und dadurch würde unser Immunsystem geschwächt sein. Die Bakterien wiederum finden im menschlichen Darm eine besondere Nährstoffgrundlage vor, die sie andernfalls aufgeben müssten.

Mykorrhiza und ihre Partner – die Symbiosewunder der Natur
Mykorrhiza-Pilze sind einer der wichtigsten Symbiose-Partner in der Natur, wie wir bereits wissen. Sie versorgen die Pflanzen und gewährleisten so ein reichhaltiges Wachstum. Sie sichern Wälder und halten den Boden gesund. Etwa 90 % der Mykorrhiza gehen **Endosymbiosen** ein. Dabei wird eine Form der Symbiose eingegangen, bei der die Hyphen des Pilzes in pflanzliche Wurzelzellen eindringen, um dort einen Austausch von Nährstoffen und Wasser gegen Kohlenhydrate stattfinden zu lassen. Der Pilz bietet Nährstoffe und Wasser aus dem Boden und die Pflanze gibt dem Pilz die Kohlenhydrate. Die pflanzlichen Partner sind überwiegend Sträucher, Blattpflanzen, Beeren, Obstbäume, Nussbäume, einige Gemüsearten, Blumen, aquatische Arten und solche, die in Feuchtgebieten vorkommen. Unter anderem profitieren die folgenden gewerblich interessanten Pflanzen von einer **Endomykorrhiza**:

- Ahorn
- Akazie
- Artischocke
- Bambus
- Baumwolle
- Birne
- Chrysantheme
- Dattelpflaumenbaum
- Erbsen
- Erdbeere
- Farn
- Gardenien
- Gummibaum
- Hanf
- Johannisbeere
- Kaffee
- Klee
- Knoblauch
- Liguster
- Magnolie
- Mammutbaum
- Olive
- Palme
- Pfeffer
- Reis
- Rose
- Salbeistrauch
- Sellerie
- Süßkartoffel
- Tabak
- Teepflanze
- Ulme
- Weizen
- Zitrusfrüchte
- Zuckerrohr

Pflanzen, die mit Mykorrhiza ektosymbiotische Verbindungen, das heißt, bei denen die Pilze nur oberflächlich auf dem Wirt sitzen, eingehen, sind insbesondere:

- Bärentraube
- Birke
- Eiche
- Erle
- Fichte
- Kastanie
- Lärche
- Pappel
- Pekannuss
- Pinie
- Tanne
- Walnuss

Zu den wenigen Pflanzen, die keine Symbiose mit dem Mykorrhiza eingehen, gehören die folgenden:

- Brokkoli
- Kohl
- Blaubeere
- Cranberry
- Heidelbeere
- Rhododendron

Ein Zwischenstand

Sie haben jetzt viel über die biologischen Hintergründe der Pilzwelt gelernt: welche Arten von Pilzen es gibt, was Vitalpilze sind und wie sie mit anderen Lebewesen in Verbindungen stehen. Insbesondere Symbiosen sind spannende Verbindungen, da der große gegenseitige Nutzen auch in vielen anderen Bereichen spannend sein kann, etwa im Rahmen der Medizin, in der Gesundheitsforschung sowie in der Landwirtschaft. Pilze haben ein großes verstecktes Potenzial, das sicherlich noch nicht voll ausgereizt wird. Sie bereichern die Natur, die Medizin und auch den eigenen Garten zu Hause. In den nächsten Kapiteln tauchen Sie tiefer in die Thematik des Anbaus von Pilzen ein. Zunächst erfahren Sie alles über die Basics der Pilzzucht. Später finden Sie dann eine ausführliche Schritt-für-Schritt-Anleitung.

Pilzzucht – Die Basics

Nach all dem theoretischen Wissen und den zahlreichen spannenden Informationen über Pilze können Sie es sicherlich kaum erwarten, in die Praxis einzusteigen. Hier beginnt nun der Teil, in dem Sie lernen, in die Pilzzucht einzusteigen. Sie befassen sich zunächst mit den Basics der Pilzzucht: Wie sieht der Lebenszyklus eines Pilzes aus? Wie wähle ich den Pilz und das richtige Substrat aus? Und wie gehe ich vor, damit die Pilzzucht möglichst erfolgreich wird? Das alles lesen Sie in diesem Kapitel.

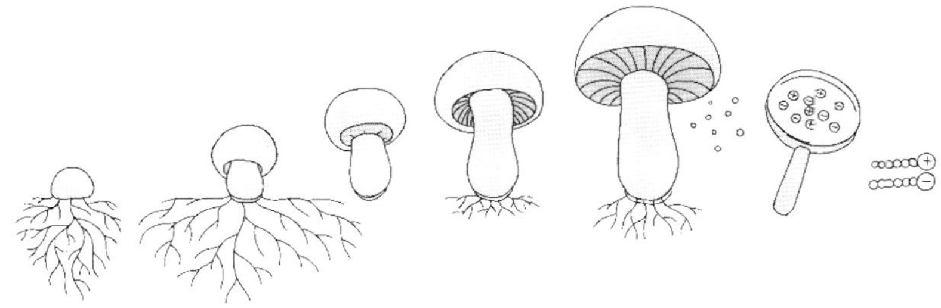

Der Lebenszyklus des Pilzes

Beginnen wir mit dem Lebenszyklus des Pilzes. Wer den Begriff „Pilz" hört, denkt häufig an die oberirdischen Fruchtkörper. Das unterirdische Myzel wird dabei meist vergessen – dabei ist dieser Teil des Pilzorganismus viel größer! Pilzfruchtkörper bestehen in der Regel aus Stiel, Hut und einem Sporenträger. Sporen sind Pilzsamen, also das, was zur Fortpflanzung verteilt wird. Diese Sporenträger haben je nach Pilzart einen anderen Namen: Man nennt sie

- Lamellen (bei Lamellenpilzen wie Champignons),
- Röhren (bei Röhrenpilzen wie Steinpilzen) oder
- Poren (bei Porenpilzen wie Reishi).

Inokulation

Sporen reifen in diesen Sporenträgern, fallen heraus, sobald sie ausgereift sind, und verteilen sich durch Wasser und Wind in der Natur. Einige Pilzsporen sind auch darauf ausgerichtet, auf Tieren oder anderen Wirten zu landen. Tatsächlich wachsen solche Pilze nicht selten in den Tieren heran. Es gibt sogar Pilze, die nach Sporenkontakt das Gehirn von Insekten befallen und sie zwingen, in bestimmte Höhen zu klettern. Oben in tropischen Baumkronen sind Feuchtigkeit und Temperaturen ideal für die Pilze. Sie zwingen die Insekten dann, sich an den Blättern festzubeißen, wo der Pilz schließlich die idealen Wachstumsbedingungen vorfindet. Er nährt sich von dem sterbenden Insektenkörper, bis aus dessen Resten ein Pilzfruchtkörper hervorschießt, der seine Sporen weiterverteilt. Damit beginnt das Wachstum eines neuen Pilzes.

Germination

Treffen die Sporen auf einen passenden Nährboden, beginnen Sie, zu keimen – der Prozess der Keimung wird auch Germination genannt. Dafür müssen jedoch auch zufriedenstellende klimatische Bedingungen herrschen. Temperatur und Luftfeuchtigkeit sind die entscheidenden Faktoren. Die meisten Pilze mögen es beispielsweise feucht (mit einer Luftfeuchtigkeit von mehr als 60 oder 70 %) und mittelwarm bis warm (mit Temperaturen von 10 bis 20 Grad). Die genauen Werte unterscheiden sich von Pilz zu Pilz. Viele Pilze fühlen sich jedoch innerhalb eines breiten Rahmens wohl (etwa 10 bis 20 Grad).

Beginnen die Pilzsporen nun, zu keimen, bilden sie lange Fäden – die ersten Hyphen. Ein einziger Pilzfruchtkörper kann bis zu einer Milliarde Pilzsporen abgeben. Diese Pilzsporen können männlichen oder weiblichen Geschlechts sein. Man spricht teilweise auch von positiven und negativen *Polungen*.

Plasmogamie

Die verschiedenen Sporen keimen unabhängig voneinander, verschmelzen jedoch, sobald zwei unterschiedliche Geschlechter aufeinandertreffen. Die Hyphen verknüpfen sich miteinander und bilden ein neues Geflecht: Das Myzel des neuen Pilzes. Dieser Vorgang wird auch **Plasmogamie** genannt.

Promordium

Je nach Pilzart wird anschließend der Prozess des Fruchtens, auch **Promordium** genannt, ausgelöst. Dafür können je nach Pilzart unterschiedliche Faktoren verantwortlich sein, beispielsweise die Tatsache, dass das Myzel alle in der Umgebung vorhandenen Nährstoffe aufnehmen konnte, eine rasche Temperaturveränderung oder sogar eine Beschädigung des Myzels.

Fruchtkörper-Bildung

Im Anschluss an den Prozess werden die ersten winzig kleinen Fruchtkörper gebildet. Da sie nur stecknadelgroß sind, werden sie als „**Pinheads**" bezeichnet (aus dem Englischen für Stecknadelkopf). Wächst der Pilz weiter, bildet sich der Hut, der große „Kopf" des Pilzes. Für eine Weile bleibt dieser Hut geschlossen. Erst wenn das Wachstum abgeschlossen ist und die Phase der Fortpflanzung folgen kann, öffnet sich der Hut. Neue Sporen werden abgegeben und der ganze Zyklus beginnt von vorne.

Auch in der Pilzzucht folgt das Wachstum der Pilze diesem Zyklus. Allerdings werden Nährboden bzw. Substrate und klimatische Bedingungen während der Myzelphase (Plasmogamie und Promordium) und der Fruchtung angepasst. So können optimale Bedingungen entwickelt werden, unter welchen der Pilz auch in der Zucht gedeiht. Zur Pilzzucht erhalten Sie jedoch in späteren Kapiteln mehr Informationen.

Viele Pilze werden in Laboren gezüchtet. Sporen werden dabei unter streng kontrollierten Bedingungen zum Keimen gebracht. Dies geschieht mit Nährböden in Petrischalen. Außerdem werden die kräftigsten Myzelstränge ausgewählt, selektioniert und getrennt zum Wachsen gebracht. Sie werden teilweise zusätzlich veredelt, um die besten Erträge zu erhalten. Das ausgewählte Myzel wird häufig auf sogenannter *Körnerbrut* vermehrt – das ist ein Substrat, das auf Getreide basiert. Sobald die Körnerbrut mit dem Myzel vollständig besiedelt ist, wird sie durch ein Fruchtungssubstrat angereichert. Dieses Substrat verbreitet sich auf der Körnerbrut und durchwächst den Pilz. Im Anschluss werden Veränderungen in der Umwelt erzeugt, die dafür sorgen, dass die Fruchtung des Pilzes eingeleitet wird, beispielsweise Veränderungen in der Luftfeuchtigkeit oder Temperatur. Teilweise werden die Pilze Frischluft ausgesetzt, um diese Veränderungen hervorzurufen. Der Rest erfolgt wie in der Natur: Die Pilze wachsen, ihre Hüte öffnen sich und Sporen können freigesetzt werden.

Egal, ob im Labor oder in freier Natur: Pilze durchlaufen stets die gleichen Wachstumszyklen. Ihre Verbreitung findet durch eine Vielzahl winzig kleiner Sporen statt und der Großteil des wachsenden Pilzes befindet sich zunächst unter der Erde. Was für das menschliche Auge auf dem Waldboden sichtbar wird, ist nur der Fruchtkörper – zu einem Zeitpunkt, in dem der Pilz bereits einige bemerkenswerte Entwicklungsschritte hinter sich gebracht hat.

Die einzelnen Schritte der Pilzzucht

Das Züchten von Pilzen zu Hause hat zahlreiche Vorteile: Sie erhalten beispielsweise gesunde Früchte, über deren Belastung Sie sich keine Sorgen machen müssen. Während Pilze aus der Natur oder auch aus dem Supermarkt mit Schwermetallen und radioaktiven Strahlungen belastet sein können, sind die Pilze, die Sie zu Hause ziehen, vollkommen frei davon. Außerdem können Sie Pilze das ganze Jahr über ernten – anders, als viele Menschen glauben, haben Pilze nämlich keine einheitliche Saison. Pilze zu Hause zu ziehen ist zudem gar nicht so schwer, denn diese Lebewesen sind recht anspruchslos. Viele mögen es lieber schattig als sonnig und lieber feucht als trocken. Einige kommen sogar vollkommen ohne Licht aus, weshalb Pilze sogar im Keller gezüchtet werden können. Befassen wir uns also nun mit den einzelnen Schritten der Pilzzucht. Lernen Sie alles, was Sie wissen müssen, um die richtige Auswahl von Pilz, Substrat und Wachstumsbedingungen zu treffen.

Die Auswahl des Pilzes

Wenn Sie sich der Auswahl des Pilzes zuwenden, haben Sie zunächst zwei Möglichkeiten: Entweder kaufen Sie direkt ein ganzes Pilzkultur-Fertigset oder nur die Pilzkultur. Das Pilzkultur-Fertigset beinhaltet alles, was Sie benötigen, um einen Pilz zu ziehen. Hier brauchen Sie weniger eigenständige Vorbereitung. Fertigsets sind meistens schon von dem Pilzgewebe durchdrungen, sodass der Pilz ordentlich Vorlauf in der Entwicklung hat und zumeist sehr schnell damit beginnt, die ersten Pinheads – die ersten kleinen Fruchtkörper – zu bilden. Schon nach drei bis fünf Wochen können so erste Ernteerfolge verbucht werden. Pilzkulturen bekommen Sie am besten in auf Pilze spezialisierten Shops (beispielsweise beim Bio-Pilzzüchter Pilzmännchen oder im Meine-Ernte-Shop). Auch einige Baumärkte und gut ausgestattete Gärtnereien führen die Kulturen.

Die Pilzkultur als solche hingegen ist nur das Pilzmyzel. Für anfängliche Hobbyzüchter ist es eher schwierig, eine Pilzkultur selbst herzustellen, weshalb es empfehlenswert sein kann, sie zu kaufen. Wie Sie dennoch selbst Pilzkulturen züchten können, lernen Sie in einem späteren Abschnitt des Buches (unter dem Punkt „Für Fortgeschrittene: Gewinnung von Sporenabdrücken").

Viele beliebte Speise- und Vitalpilze lassen sich prima zu Hause züchten – Sie haben also generell eine breite Auswahl. Grundsätzlich lässt sich festhalten, dass alle Pilze, die keinen lebenden Wirt benötigen, zu Hause gezüchtet werden können. Pilze, die einen lebenden Wirt benötigen, sind schon schwieriger zu züchten. Darunter fallen alle Mykorrhiza-Pilze, da diese Symbiosen mit lebenden Pflanzen eingehen (nicht mit toten oder sterbenden Pflanzen). Lebende Wirte können grundsätzlich sowohl Pflanzen als auch Tiere sein, allerdings benötigen die im deutschen Raum wachsenden Speise-

und Vitalpilze pflanzliche Wirte. Wenn Sie ein Stück Wald zur Verfügung haben, können Sie selbstverständlich auch Mykorrhiza-Pilze züchten. Manche Pilze gedeihen auch in Symbiose mit Gemüsearten oder Obstbäumen. Werfen Sie noch einmal einen Blick in die Liste der Mykorrhiza-Partner und schauen Sie, ob Sie geeignete Partner im Garten stehen haben. Dann könnten sowohl Ihre Pflanzen als auch die Pilze von der Gemeinschaft profitieren.

Pilze, die sich nur schwer für die Zucht zu Hause eignen, sind beispielsweise Pfifferlinge, Maronen und Steinpilze. Sie benötigen einen lebenden Wirt.
Zu den Pilzklassikern aus der Küche, die sich relativ leicht züchten lassen, gehören vor allem:

- Champignons
- Austernpilze
- Shiitakes
- Kräuterseitlinge

Champignons lassen sich auch von Anfängern gut in Fertigsets kaufen. Sie gedeihen dort in einer speziellen Substratmischung. Champignons mögen eine Luftfeuchtigkeit ab 70 %, Kompostmischungen und Temperaturen von um die 15 Grad. Fortgeschrittene können eine Kompostmischung auch selber herstellen, allerdings erfordert dies mehr Aufwand und Aufmerksamkeit, da damit nicht steril gearbeitet werden kann. Nicht-steriles Arbeiten erfordert aufgrund der Schimmelgefahr mehr Aufmerksamkeit.

Austernpilze sind deutlich weniger wählerisch, wenn es um das Substrat geht. Hier können Sie einfaches Stroh oder Laubhölzer nehmen. Sie bevorzugen ebenfalls eine Luftfeuchtigkeit ab 70 % (gerne auch 80 %) und Temperaturen von um die 15 Grad. Austernpilze sind jedoch auch ab zehn Grad bereits sehr zufrieden. Sie halten auch höhere Temperaturen aus – nur die 30-Grad-Marke sollte möglichst nicht geknackt werden.

Auch Shiitakes sind nicht besonders anspruchsvoll, bevorzugen jedoch harte Hölzer (beispielsweise Buche oder Eiche). Dafür kommen Sie schon mit einer Luftfeuchtigkeit von 60 % bestens zurecht – niedriger als viele andere Pilze. Die Temperaturen sollten ebenfalls um die 15 Grad betragen.

Kräuterseitlinge benötigen vor allem sehr nährstoffreiches Substrat. Dazu zählt zwar beispielsweise Stroh, allerdings ist der Nährstoffgehalt schnell aufgebraucht. Deshalb sollten Kräuterseitlinge mit Getreide oder Kaffee angereichertes Substrat bekommen. Sie mögen ebenfalls Temperaturen um die 15 Grad und eine Luftfeuchtigkeit von mindestens 70 % (gerne auch höher).

Am wichtigsten für Ihre Überlegung ist natürlich: Welchen Pilz möchten Sie zu Hause nutzen? Anfänger dürfen ihre Entscheidung gerne auch davon abhängig machen, wie anspruchslos die Pilze sind. Auch die Standortmöglichkeiten sollten Sie in die Überlegung einbeziehen.

Haben Sie einen Garten oder Balkon oder müssen Sie die Pilze im Haus ziehen? Haben Sie einen Keller? Wie warm und trocken wird es bei Ihnen?

Die Auswahl des Substrats

Entscheiden Sie sich dafür, eine Pilzkultur zu kaufen, müssen Sie ein passendes Substrat zusammenstellen. Keine Sorge: In der Regel können Sie gewöhnliche Restprodukte nutzen. Die folgenden (Abfall-) Produkte eignen sich beispielsweise gut als Pilzsubstrat:

- Kaffeesatz (am besten nicht älter als zwei bis drei Tage)
- Sägemehl
- Stroh
- Holz (unbehandelt und vor allem unlackiert)
- Baumstümpfe

Viele dieser Produkte finden Sie im eigenen Garten, in der Küche oder im nächsten Wald. Wenn Sie in einem Haushalt leben, in dem beispielsweise viel Kaffee getrunken wird, können Sie ganz einfach zwei bis drei Tage lang Kaffeesatz sammeln und diesen als Substrat nutzen. Achten Sie stets darauf, dass das Substrat möglichst sauber ist und auch sauber aufbewahrt wird. Die feuchten Bedingungen, unter welchen Pilze gedeihen, sind nämlich auch ideale Nährböden für Keimlinge und unerwünschte Schimmelpilze. Lagern Sie Ihren Kaffeesatz daher beispielsweise in einer sterilen Dose. Wenn Sie kein sauberes Substrat haben, behandeln Sie es mit Dampf von über 60 Grad. Diese Temperaturen töten Keime und unerwünschte Pilzsporen ab.

Das ausgewählte Substrat können Sie einfach in einen Eimer, einen Topf, eine Kiste oder einen Beutel füllen. Je nachdem, wie gut Ihre Standortbedingungen sind, können Sie sich außerdem einen sogenannten „Pilzzuchtbag“ anschaffen. Dieser verhindert das Austrocknen des Pilzes. Der Pilzzuchtbag ist eine Art Pilzzuchtgewächshaus (und im Handel teilweise auch unter dem Namen erhältlich) – nur besteht er tatsächlich aus einem Plastikbeutel („bag“ bedeutet „Beutel“ oder „Tasche“ im Englischen). Daher sollten Sie einen Zuchtbag insbesondere dann in Erwägung ziehen, wenn Ihr Standort eher trocken ist. In der Regel lässt er sich überall dort kaufen, wo Sie auch Pilzkulturen bekommen. Im Grunde können Sie diese Bedingungen auch in einem einfachen Gewächshaus erreichen – allerdings sollten Sie darauf achten, dass die Temperaturen dort nicht zu heiß werden. Wenn Sie tropische Pflanzen züchten, eignet sich das Gewächshaus nicht. Mit einfachen Gemüsepflanzen sollte es keine Probleme geben. Wenn Sie besonders kreativ werden möchten, können Sie sich auch ein eigenes Gewächshaus bauen und beispielsweise auf den Balkon setzen. Der kleine Zuchtbag hat jedoch den Vorteil, dass er mobil ist. Wenn Sie die Temperaturen und die Luftfeuchtigkeit jedoch anders (beispielsweise zu natürlichen Bedingungen im Garten) erreichen, ist er nicht notwendig.

Die Wahl des passenden Substrates hängt natürlich sehr von Ihrem Pilz ab. Einige Pilze kommen mit nahezu jedem Substrat zurecht, andere Pilze sind ein wenig anspruchsvoller.

Mehr zur Pilzzucht auf verschiedenen Substraten lesen Sie in späteren Abschnitten dieses Buchs. Im nächsten Schritt erhalten Sie erst einmal eine grundlegende Anleitung zur Pilzzucht.

PILZE ERFOLGREICH ZÜCHTEN: SO GEHT'S!

Hier finden Sie eine Schritt-für-Schritt-Anleitung zum Züchten der Pilze. Diese Schritte sind im Grunde für alle Pilze gleich. Sie können die Anleitung also als Basis nutzen und für jeden Pilz, den Sie zu Hause züchten möchten, verwenden. Eine spezifische Anleitung für die Zucht von Austernpilzen finden Sie ebenfalls in diesem Buch – so erhalten Sie anhand eines beliebten Beispiels noch einen genaueren Einblick in die Welt der Pilzzucht.

Schritt 1: Das Substrat vorbereiten

Bevor die Pilzkulturen in das Substrat gegeben werden können, müssen Sie das Substrat entsprechend vorbereiten. Dafür sollten Sie zunächst einen geeigneten Behälter finden. Der Behälter sollte möglichst sauber sein, damit die Pilze nicht in einem keimbefallenen Behälter wachsen. Für einige Pilzsorten eignen sich außerdem Löcher an den Seiten, damit die Pilze auch seitlich ausbrechen können. Dazu gehören beispielsweise die Austernpilze. Nutzen Sie gerne einen alten Eimer, einen Kasten oder Korb. Auch eine Plastiktüte kann sich eignen. Bewässern Sie das Substrat und lassen Sie es ein wenig abtropfen. Das Substrat sollte feucht sein, wenn Sie es später in den Behälter geben – jedoch nicht tropfend vor Nässe. Lassen Sie das Substrat daher gut abtropfen und kontrollieren Sie Luftfeuchtigkeit und Temperatur (die nächsten zwei Schritte), bevor Sie es in den Behälter füllen.

Schritt 2: Die Umgebungsfeuchtigkeit organisieren

Beachten Sie, dass die Luftfeuchtigkeit in der Umgebung hoch sein sollte. Optimal sind für die meisten Pilze 80 bis 95 % relative Luftfeuchtigkeit. Keller haben diesen Feuchtigkeitsgrad häufig ohne weiteres Zutun. Wenn Sie sich unsicher sind, messen Sie die relative Luftfeuchtigkeit einfach mit einem Hygrometer. Dies ist ein Instrument zum Messen der relativen Luftfeuchtigkeit (ähnlich wie ein Thermometer die Temperaturen misst). Auch

Bad oder Küche können sich im Haus eignen. Züchten Sie die Pilze draußen, sollten Sie auf die Umgebungs- bzw. Saisontemperaturen achten. Haben Sie keinen passenden Ort? Kein Problem: Mit einem guten Pilzzuchtbelag oder einem Zimmergewächshaus können Sie die Umgebungstemperaturen ausgleichen und die Bedingungen verbessern.

Schritt 3: Die Temperaturen regeln

Pilze haben in den allermeisten Fällen ein feuchtwarmes Klima am liebsten. Sie fühlen sich zumeist zwischen 15 und 25 Grad Celsius am wohlsten. Einige Pilze gedeihen auch ab zehn Grad bestens (Austernpilze sind dahingehend beispielsweise sehr anspruchslos). Die Verpackung der jeweiligen Pilzkultur gibt in der Regel ein Temperaturfenster an, in dem sich der Pilz wohl fühlt. Werfen Sie also einen Blick auf die Verpackung des Pilzes, den Sie sich ausgesucht haben, sofern Sie die Kultur gekauft haben. Sorgen Sie dafür, dass der Ort die richtigen Temperaturen hat. Wenn Sie Pilze aus dem Wald sammeln und durch einen Sporenabdruck oder Klonvorgang (zu beiden Methoden später mehr) vermehren möchten, orientieren Sie sich an den Außentemperaturen: Im Wald wachsen nahezu alle Pilze bei um die 15 Grad am besten. Auch bis zu 20 Grad halten sie aus. Nach unten erlauben Waldpilze einen Spielraum bis zu zehn Grad. Viel tiefer sollten die Temperaturen nicht sinken, da das Wachstum sonst gehemmt wird (im Winter finden Sie schließlich auch wenige Pilze, die aus dem frostigen Boden schießen). In diesen Temperaturbereich sollten auch Ihre Räumlichkeiten fallen.

Schritt 4: Pilzkulturen und Substrat mischen

Im nächsten Schritt mischen Sie die Pilzkultur unter das Substrat und füllen alles gemeinsam in den ausgesuchten Behälter. Die Schicht aus Pilzkultur und Substrat sollte einige Zentimeter dick sein, damit für den Pilz gute Wachstumsbedingungen herrschen.

Schritt 5: Feucht halten

Haben Sie Pilzkulturen und Substrat in den Behälter gegeben, müssen Sie nur noch dafür sorgen, dass das Substrat nicht austrocknet. Halten Sie die Pilzkulturen im Substrat also immer feucht. Das Befeuchten kann mit einer Sprühflasche gelingen, aber auch kleine Wassergaben aus Kannen sind gut geeignet. Die Sprühflasche kann das Wasser gut dosieren, allerdings können sich dort auch rasch Keime bilden. Verwenden Sie eine Sprühkanne, sollten Sie daher darauf achten, dass Sie kein Wasser darin stehen lassen. Verwenden Sie immer frisches Leitungswasser zum Befeuchten, andernfalls bilden sich schnell ungewollte Schimmelpilze. Idealerweise kontrollieren Sie die Feuchtigkeit Ihres Substrates täglich. Sie müssen nicht jeden Tag nachfeuchten, sollten aber – gerade am Anfang – aufmerksam sein, wann Ihre Pilze Wasser benötigen.

Schritt 6: Auf die Fruchtkörper warten

Nun kann es einige Wochen dauern, bis sich ein Pilzmyzel bildet. Je nach Pilzkultur kann die Länge variieren. Ist das Myzel ausgebildet, schießen die ersten Pinheads hinaus. Ab diesem Zeitpunkt geht es meistens recht schnell. Haben die Fruchtkörper eine Größe erreicht, die Sie für gut befinden, können Sie sie abernten. Es gibt keine festen Regeln, ab wann Sie die Pilze essen können – vielmehr sollten Sie darauf achten, dass der Pilz eine angenehme bzw. bekannte Größe hat. Austernpilze beispielsweise haben meistens einen Stiel, der wenige Zentimeter misst, und einen Hut, der etwa vier bis zehn Zentimeter Durchmesser hat. Sie können aber bei optimalen Bedingungen auch einen Hutdurchmesser von bis zu 20 Zentimetern erreichen. Shiitakes erreichen meistens einen Hutdurchmesser von sechs bis zwölf Zentimetern – also ebenfalls ein breiter Rahmen. Da Pilze jedoch auch im kleineren Stadium essbereit sind, müssen Sie nicht auf eine bestimmte Größe warten. Wenn Sie sich nicht sicher sind, welche Größe für Ihren Pilz durchschnittlich ist, orientieren Sie sich an den Größen, die Sie auf dem Wochenmarkt, im Handel oder im Wald sehen. Für die Ernte schneiden Sie die Fruchtkörper am besten mit einem sauberen Messer glatt ab.

Pilzkulturen schlagen mehrfach aus. Die Ernte ist also nicht nach einem Mal vorbei. Die meisten Pilze treiben nach der ersten Ernte weitere drei, manche sogar vier Male aus. Dazwischen benötigt der Pilz jedoch stets ein paar Tage Pause. Warten Sie also auch nach dem dritten oder vierten Mal einfach ein paar Tage ab und schauen Sie, ob Ihr Pilz noch einmal Fruchtkörper nachbildet.

How to: Das Substrat herstellen

Wie stellt man ein gutes Substrat her? Mit dieser Frage stehen Sie nicht allein da. Vorweg sollten Sie so viel wissen: So etwas wie das „perfekte" Substrat gibt es nicht. Allerdings können Sie lernen, worauf Sie bei der Substratherstellung achten sollten. Deshalb erhalten Sie in diesem Abschnitt wertvolle Tipps zu diesem Thema.

Anfängern wird empfohlen, mit etwa fünf Litern Substrat zu starten – diese Menge füllt beispielsweise einen kleinen Kasten oder Eimer. Damit ist eine gute Ernte gesichert, aber auch eine anfängerfreundliche Menge gewährleistet. Größere Mengen können anfangs überfordernd sein. Außerdem ist der Sterilisations- und Pflegeaufwand größer. Fertige Pilzkulturen kommen meistens mit einer Beschreibung, für wie viel Substrat sie ausreichen (sogenannte Fünf-Liter-Pilzkulturen reichen für fünf Liter Substrat). Orientieren können sich Anfänger auch daran, dass Pilzkulturen in ausreichender Menge vorhanden sein müssen, um den Kasten an mehreren Stellen zu durchwachsen. Die Pilzkultur sollte also, wenn sie untergemischt ist, das Substrat gut durchziehen.

Neue Pilzsorte – neues Substrat

Obwohl sich die meisten Pilzsorten in ihren Grundbedürfnissen ähneln – etwa in Bezug auf Feuchtigkeit und Wärme –, hat jeder Pilz besondere Substratvorlieben. Dies spielt eine entscheidende Rolle bei der jeweiligen Zusammensetzung. Aber auch die Verfügbarkeit diverser Rohstoffe, deren Preis oder die Impftechniken können die Substratwahl beeinflussen. Letztlich ist also ganz entscheidend, womit sich Ihr Pilz wohl fühlt. Kurzum: Neue Pilzkultur – neues Substrat. Jede Kultur hat ihre eigenen Vorlieben. Lernen Sie Ihren Pilz also vor Zuchtbeginn kennen. Hier einige Beispiele von Klassikern mit ihren Substratvorlieben:

Pilz	Substratvorliebe	Kommentar
Austernpilz	Holz	Sehr anspruchslos, wächst auch auf Stroh
Kräuterseitling	Mischungen aus Holz und Getreide oder Holz und Kaffee	Bevorzugt nährstoffreiche Substrate
Limonenpilz	Holz	Wächst auch auf Stroh-Holz-Mischungen
Rosenseitling	Holz	Wächst auch auf Stroh-Holz-Mischungen
Champignons	Kompost-Mischungen	Aufgrund des unsterilen Untergrundes schwer zu Hause zu züchten
Shiitake	Holz	Mag nährstoffreiche Substrate, die beispielsweise mit Kaffee oder Getreide angereichert sind

Sie können sich allerdings im Vorfeld umfassender damit befassen, welche Rohstoffe der Pilzzucht grundsätzlich zugutekommen. Dazu sollten Sie verstehen lernen, wovon sich Pilze generell ernähren. Übrigens: Wenn an dieser Stelle die Rede davon ist, Substrate herzustellen, dann sind damit solche gemeint, die sich für die Pilzzucht in Eimern oder Kästen eignen, also insbesondere für die Indoor-Pilzzucht (möglicherweise auch die Zucht im Wintergarten oder auf dem Balkon). Die Substrate können auch für andere Anbauarten verwendet werden – doch die Zucht direkt im Garten, auf natürlichem Untergrund, erfordert meist andere Maßnahmen (dazu später mehr).

Wovon ernähren sich Pilze?

Zur Erinnerung:
Pilze werden im Allgemeinen in drei grundlegende Gruppen eingeteilt, welche anhand der Art, wie sich die Pilze mit Nahrung versorgen, festgelegt werden. Die drei Kategorien lauten:

1. Saprobionten (zersetzen organisches Material)
2. Parasiten (entziehen einem anderen Organismus Energie)
3. Symbionten (leben im wechselseitigen Nutzen mit einem anderen Organismus)

Pilze unterscheiden sich bezüglich ihrer Nahrungsbeschaffenheit gar nicht so sehr von anderen Lebewesen. Wie alle Tiere, Menschen und Pflanzen, müssen Sie Nahrung in Form von organischem Material aufnehmen und verdauen. Daraus werden Nährstoffe für den Stoffwechsel gewonnen. Pilze sind jedoch wahre Recycling-Meister in der Natur. Sie zersetzen zum Großteil all das, was andere Lebewesen nicht verdauen. Dazu gehört insbesondere totes Material. Zu totem organischem Material gehören beispielsweise verwelkte Blätter, abgestorbene und abgefallene Äste, tote Baumstümpfe und auch Exkremente. Ein großer Unterschied zu Pflanzen: Während Pflanzen auch das Sonnenlicht als Nahrung nutzen, haben Pilze diese Eigenschaft nicht. Im Gegenteil, sie bevorzugen in der Regel dunkle Orte.

Exkurs

Ernährung von pathogenen Pilzen
Als gesonderte Kategorie werden häufig die pathogenen Pilze betrachtet, also die Pilze, die krankheitserregend sind (Pathogene sind Krankheitserreger). Diese Pilze setzen sich beispielsweise im menschlichen Organismus fest – insbesondere im Darm – und lösen dort während ihres Wachstums Krankheiten und Schwächen aus. Während des Wachstums geben sie toxische Stoffe ab, die dem Menschen schaden. Dabei ernähren sie sich mit Vorliebe von Zucker im menschlichen Körper. Im Grunde sind diese Pilze Parasiten, da sie sich in einem anderen Organismus festsetzen und dort nähren. Allerdings essen die Pathogene nicht den Menschen selbst auf, sondern ernähren sich beispielsweise von den Kohlenhydraten, die er zu sich nimmt. Außerdem werden sie als eigene Kategorie betrachtet, da sie sich durch die krankheitserregende Wirkung auszeichnen. Die drei großen Gruppen krankheitsbewirkender Pilze im menschlichen Körper sind Schimmelpilze, Hefepilze und Dermatophyten (eine bestimmte Art von Hautpilzen; aus dem Altgriechischen „derma" = „die Haut").

In der Natur werden insbesondere zwei Hauptgruppen von Ernährungstypen unter den Pilzen unterschieden:

1. Die Destruenten
2. Die Symbiosepilze

Destruenten
Destruenten werden wiederum in zwei Gruppen aufgeteilt:

a. Die Primärzersetzer
b. Die Sekundärzersetzer

Die Primärzersetzer zersetzen (totes) organisches Material und nutzen es direkt als Nahrungsgrundlage. Besonders beliebt unter den Pilzen ist Zellulose, ein Vielfachzucker und Hauptbestandteil der pflanzlichen Zellwände. Solche Pilze wachsen beispielsweise auf Holz oder Stroh. Sie können im Grunde auf allen zellulosehaltigen Materialien wachsen – ach auf Papier. Die meisten Zuchtpilze sind Primärzersetzer, weshalb sich Holz und Stroh für viele Pilze als Nährboden eignen. Beliebte Pilze dieser Kategorie sind der Austernpilz, der Shiitake und der Kräuterseitling.

Die Sekundärzersetzer wiederum ernähren sich ebenfalls von totem, organischem Material, können dies aber nicht oder nur sehr schwer direkt als Nahrung nutzen. Vielmehr benötigen sie ein teilzersetztes oder vorverdautes Material. Organische Substanzen werden vor allem während eines Kompostierungsvorgangs teilzersetzt. Auch Dung besteht aus vorverdautem organischem Material. Das bedeutet für die Zucht: Diese Pilze wachsen nicht direkt auf Stroh oder Holz. Vielmehr benötigen Sie ein spezielles Substrat, das diese ‚vorverdaute' Eigenschaft erfüllt. So einfach die Lösung auch zu sein scheint: Einfacher Gartenkompost eignet sich nicht für jeden Pilz als Grundlage. So wird für Champignons beispielsweise in der Regel eine Mischung aus Stroh und Dung als Substrat hergestellt. Dieses Substrat wird in mehreren Schritten in großen Mengen kompostiert und sterilisiert, um die besten Bedingungen herzustellen – etwas, das sich in der Hobbyzucht nur schwer realisieren lässt. Einfacher Gartenkompost kann kaum von unerwünschten Keimen und Schimmelsporen freigehalten werden. Deshalb ist die Zucht dieser Pilze zu Hause oft deutlich schwieriger als die der Primärzersetzer. Sterilisieren lässt sich Gartenkompost zu Hause nicht – zumindest nicht, ohne dass auch sämtliche Nährstoffe verloren gehen würden. Allerdings können fortgeschrittene Pilzzüchter lernen, unter nicht sterilen Bedingungen zu züchten. Dies sollte man jedoch nur dann machen, wenn man bereits einige Erfolge mit einfacheren Zuchtweisen hatte. Außerdem sollte man darauf achten, dass sich noch keine Schimmelpilze auf dem Kompost gebildet haben. Dies ist leider nur sehr selten auszuschließen, da Kompost schnell mit Schimmel befallen ist. Wer jedoch Glück hat, kann die Pilzzucht auch auf einfachem Gartenkompost versuchen. In dem Fall sollte noch ein wenig Holzhäckselsubstrat hinzugefügt werden, um dem Pilz einen optimalen Nährstoffgehalt zu bieten.

Symbiosepilze

Ein Großteil der Speisepilze, die im Wald leben, gehen symbiotische Verbindungen mit den Wurzeln von Bäumen ein. Sie ernähren sich aus Zucker und Fettsäureverbindungen, die aus der Photosynthese der Pflanze stammen. Dafür versorgen sie die Pflanze mit Nährstoffen und Wasser aus dem Boden. Zu diesen Pilzen gehören beispielsweise der Steinpilz, der Pfifferling und der Trüffel. Diese Pilze sind auf die symbiotischen Verbindungen mit den Bäumen angewiesen – was für die Zucht bedeutet, dass sie nicht auf Substraten gezüchtet werden können. Sie können maximal im Outdoor-Bereich bei entsprechenden Bäumen und Pflanzen gezüchtet werden. Diese Pilze selbst zu ziehen, ist daher im Grunde nur möglich, wenn Sie zu Hause einen kleinen forstwirtschaftlichen Bereich auf dem Grundstück haben.

Die Grundstoffe für das gelungene Pilzsubstrat

Jetzt stellt sich noch die entscheidende Frage: Wenn Ihr Pilz auf mehreren Substraten gedeihen kann – welches sollen Sie wählen? Hier eine Übersicht der Vor- und Nachteile der verschiedenen Substratgrundstoffe.

Holzhäcksel und Sägemehl

Holzhäcksel und Sägemehl gehören zu den beliebtesten Substratbestandteilen. Sie können in unterschiedlichen Körnungen und Mischungsverhältnissen eingesetzt werden. Häcksel können Sie entsprechend auch in diversen Körnungen und Packungsgrößen im Fachhandel erwerben. Grundsätzlich sollten Sie nur Häcksel und Sägemehl von Laubhölzern nehmen. Nur wenige Ausnahmen anderer Bäume eignen sich ebenfalls als Substratgrundlage. Zu den wenigen Ausnahmen gehört insbesondere der Graublättrige Schwefelkopf. Achten Sie beim Kauf auf die Verpackung. Nadelhölzer eignen sich in der Regel nicht gut, da sie Harze enthalten, die für die Pilzzucht hinderlich sind. Pilze bevorzugen auch in freier Wildbahn überwiegend Laubhölzer.

Häcksel und Sägemehl können Sie theoretisch auch im Heimtierbedarf erwerben, beispielsweise als Kleintierstreu, Heimtierstreu oder Ähnliches – viele dieser Sorten eignen sich jedoch nicht als Pilzsubstrat. Das liegt daran, dass die Produkte für Tiere häufig aus Nadelhölzern gewonnen werden. Steht auf der Verpackung „Weichholz“, ist dies ein Hinweis, dass die Streu vermutlich nicht für die Pilzzucht geeignet ist: Denn nahezu alle forsttechnisch anbaubaren Nadelhölzer zählen zu den Weichhölzern (sehr wenige Laubbäume zählen zu dieser Kategorie, beispielsweise die Pappel, die Linde und die Erle). Solche Produkte können Sie nur nutzen, wenn sie ausdrücklich aus Laubhölzern gewonnen werden. Wenn Sie keine Häcksel im Pilzhandel finden, können Sie auf Räucherspäne zurückgreifen (hier ist die Holzsorte in der Regel angegeben – achten Sie stets auf die Verpackung). Für die meisten Pilzsorten eignen sich Buche und Eiche am besten.

Holzpellets / Hartholzbriketts

Holzpellets oder -briketts sind im Grunde nichts anderes als gepresstes Sägemehl. Daher eignen sie sich ebenso gut als Substratgrundlage wie Sägemehl und Häcksel. Auch hier sollten Sie darauf achten, dass Sie Laubholz kaufen. Holzpellets werden mit Druck bearbeitet, um in die entsprechende Form gebracht zu werden. Dafür wird das Holz in der Regel stark erhitzt. Diese Erhitzung wiederum sorgt dafür, dass bereits beim Vorgang des sogenannten Pelletierens (das Sägemehl in die Pelletform bringen) zahlreiche Sporen und Kontaminationen abgetötet werden. Die Pellets sind also besonders rein. Anschließend werden sie trocken und staubsicher verpackt. Aufgrund dieser sterilen Eigenschaft eignen sie sich bestens als Substratgrundlage – Sie brauchen sich in der Regel keine Sorgen um ungewollte Keime zu machen. Holzpellets erhalten Sie in zahlreichen Märkten, nicht nur im speziellen Fachhandel für die Pilzzucht (beispielsweise Gartencenter, Baumärkte, Supermärkte mit Heiz- oder Outdoor-Abteilung). Achten Sie bei der Anschaffung jedoch auf eine gute Qualität. Pellets, die zum Heizen vorgesehen sind, bestehen häufig aus einer Holzmischung – darunter nicht selten auch Nadelgehölz. Lesen Sie also immer die Verpackung und achten Sie auf die Holzsorte. Ein Nachteil von Holzpellets liegt darin, dass es schwierig sein kann, die richtige Menge Wasser für den optimalen Feuchtigkeitsgrad zu finden.

Stroh

Stroh ist ebenfalls ein sehr beliebter Grundstoff für Substrate. Allerdings ist Stroh nicht für alle Pilzsorten geeignet. Während ein Großteil der Pilze bestens auf Sägemehl und Holz gedeiht, können viele Pilze bei Stroh bereits anspruchsvoller sein, was daran liegt, dass dessen Nährstoffgehalt relativ gering ist. Somit wird auch ein größerer Kulturansatz gebraucht, um ausreichend Ertrag zu erhalten: Für einen ordentlichen Ertrag sollten mindestens drei Kilogramm feuchte Substratmasse genutzt werden. Im Vergleich dazu reichen auf die gleiche Masse etwa 50 bis 75 % Holzhäcksel, um auf den gleichen Ertrag zu kommen. Ein Baumstumpf ist sogar noch nährstoffreicher. Auf der anderen Seite ist Stroh sehr einfach zu beschaffen und steht meist in großen Mengen zur Verfügung.

Bei Stroh sollten Sie beachten, dass nicht jede Strohsorte gleich ist. Gut geeignet sind insbesondere Weizenstroh, Roggenstroh und Haferstroh. Außerdem sollten Sie beim Kauf auf Bio-Qualität achten. Andernfalls können

Fungizide enthalten sein – also Stoffe, die Pilze und ihre Sporen abtöten. Da einige Pilze in der landwirtschaftlichen Nutzung von Getreide und Stroh nicht erwünscht sind, wird nicht-biologisch aufbereitetes Getreide häufig mit solchen Stoffen behandelt – entsprechend können die Stoffe auch am Stroh haften. Ein derart behandeltes Stroh würde das Pilzwachstum nicht unterstützen, sondern hemmen. Bio-Stroh kriegen Sie beispielsweise im Fachhandel, Gartencenter oder online.

Fungizide sind biologische oder chemische Stoffe, die Pilze und ihre Sporen am Wachstum hindern. Sie töten die Pilze entweder ganz ab oder hemmen das Wachstum für die Dauer ihrer Wirkung so stark, dass sich der Pilz nicht ausbreiten kann. Fungizide können neben anderen Pestiziden in der Landwirtschaft zum Einsatz kommen. Dazu gehören unter anderem die Wirkstoffe Bordeauxbrühe und Kupferoxychlorid.

Kontrollieren Sie das Stroh auf seine Qualität, bevor Sie das Substrat ansetzen. Nur wenn die Qualität stimmt, gedeihen die Pilze gut. Achten Sie vor allem auf:

- eine goldgelbe Farbe
- einen frischen Geruch
- eine trockene Lagerung
- eine ausreichende Halmlänge (etwa fünf bis zehn Zentimeter)

Die Halme können Sie auch selbst zurechtschneiden. Die Größe von fünf bis zehn Zentimetern erlaubt einerseits ausreichend Platz für Hohlräume im Substrat (und dadurch eine gute Belüftung) und ist andererseits klein genug, um in Eimer oder Säcke gefüllt zu werden.

Auf Stroh wachsen vor allem anspruchslose Pilze gut, die mit wenig Nährstoffen zurechtkommen. Dazu gehören beispielsweise der Austernpilz, der Rosenseitling und der Kräuterseitling. Allerdings bringt der Kräuterseitling auf reinem Strohsubstrat nur geringe Erträge. Idealerweise sollte für diesen Pilz das Substrat wenigstens mit Nährstoff-Supplementierungen angereichert werden. Der Austernpilz hingegen ist sehr anfängerfreundlich – zu seiner Zucht lesen Sie später noch mehr.

Strohpellets

Auch Strohpellets sind eine Option für die Substratgrundlage. Allerdings sollten Sie an dieser Stelle direkt wissen: Ganzes Stroh eignet sich wesentlich besser für die Pilzzucht als Strohpellets. Das liegt zum einen daran, dass es sehr schwer ist, Strohpellets aus guter Qualität zu bekommen. Die Qualität der Pellets schwankt stark, liegt aber meist unter der für die Pilzzucht benötigte. Insbesondere Strohpellets aus dem Heimtierbedarf sind selten von guter Beschaffenheit. Schließlich soll dieses Stroh vorrangig als Einstreu für Haustiere dienen (etwa bei Kaninchen). Dass die Qualität des Strohs dabei nicht im Vordergrund steht, ist nachvollziehbar, das gilt selbst für Markenhersteller. Einige Strohpellets enthalten sogar Heu-Anteile, die sich für die Pilzzucht überhaupt nicht eignen. Daher gilt im Zweifelsfall: Finger weg von Strohpellets aus dem Heimtierbedarf.

Strohpellets haben einen weiteren Nachteil: Da Stroh leichter brennt als Holz, kann beim Pelletieren nicht so viel Hitze angewendet werden, wie beispielsweise bei Holzpellets. Daher erreichen die getrockneten und gepressten Strohpellets selten die gleiche Trockenheit wie Holzpellets. Entsprechend sind sie von vornherein weniger steril als Holzpellets und anfälliger für Keime. Zudem ziehen sie weitere Feuchtigkeit aus der Luft (auch das unterscheidet sie von Holzpellets). Stroh, das vor dem Pelletieren ausreichend auf dem Feld getrocknet wurde, kann zwar ebenfalls einen sehr hohen Trockengrad aufweisen, allerdings ist dies nicht immer gegeben. Die zusätzliche Feuchtigkeit der Pellets macht sie anfälliger für Schimmelpilze – für den Speisepilz kann dies das Wachstum erschweren.

Strohpellets sind zudem nicht leicht zu bewässern. Es ist gerade für Anfänger oft schwer, einzuschätzen, wie viel Wasser zu den Strohpellets gegeben werden muss. Oft quellen Strohpellets nicht schnell genug auf, sodass sich bereits überschüssiges Wasser am Boden des Gefäßes sammelt, obwohl die Pellets noch mehr Wasser benötigen. Strohpellets sollten so feucht sein, dass sie gut aufgequollen sind, sich aber kein überschüssiges Wasser am Boden verteilt. Die richtige Menge erfordert durch die manchmal schwierige Quellweise viel Fingerspitzengefühl. Auch hierbei kann ein guter Nährboden für Schimmel entstehen. Viele unerwünschte Keime wachsen deutlich schneller als das Pilzmyzel eines Speisepilzes. Daher verlieren die Pilzkulturen im Kampf um die Kontamination des Substrates meist gegen den Schimmel oder anderweitigen Keimbefall. Leider tötet auch kochendes Wasser nur selten ausreichend Keime ab. Auf den Strohpellets kühlt das kochende Wasser oft zu schnell ab, um die Hitze lange genug zu halten, als dass sie Keime abtöten könnte. In der Regel würde dafür etwa eine 90 Grad Hitze von über einer Stunde Zeit benötigt.

Ein weiterer Nachteil von Pellets ist die feine Beschaffenheit. Strohpellets verdichten schnell – anders als ganze Strohhalme, die in der Regel eine grobe Struktur bilden. Damit Pilze sich wohl fühlen, müssen jedoch grobe Strukturen entstehen, die viel Sauerstoff zulassen. Andernfalls fühlen sich die Zuchtpilze unwohl – unerwünschte Hefepilze und Bakterien dafür umso wohler.

Nichtsdestotrotz können Sie Strohpellets für Ihre Pilzzucht nutzen. Sie müssen dabei jedoch einiges beachten, damit Sie eine erfolgreiche Ernte erhalten können. Hier eine Liste der wichtigsten Punkte:

1. Kaufen Sie nur Strohpellets von guter Qualität (bio). Das Stroh sollte steril und trocken sein.

2. Da Stroh sehr nährstoffarm ist: Legen Sie eine große Menge an Strohsubstratansätzen. Rund drei Kilogramm sollten mindestens vorhanden sein.

3. Achten Sie darauf, dass die Pellets nicht zu sehr verdicken, und sorgen Sie für ein sauerstoffreiches Umfeld.

4. Tasten Sie sich vorsichtig an die richtige Wassermenge heran. Achten Sie darauf, kein überschüssiges Wasser auf dem Gefäßboden zu belassen.

5. Mischen Sie am besten auch gröbere Strukturen unter das Strohsubstrat. Ein Substrat aus Strohpellets ist eine bessere Grundlage, wenn andere Substratbausteine untergemischt werden (allerdings nur, wenn sie gröber sind).

6. Nutzen Sie anspruchslose Pilze. Austernpilze eignen sich beispielsweise sehr gut. Anspruchsvolle Pilze wie Shiitakes werden auf dem Strohsubstrat so gut wie gar nicht wachsen.

Kaffee und Kaffeespelzen

Bevor Sie mehr über die Vor- und Nachteile von Kaffeesubstraten lesen, sollten Sie wissen: Kaffee gilt als eine umstrittene Substratgrundlage. Während einige Menschen auf Kaffeesubstrat schwören, halten andere gar nichts von dieser Substratgrundlage. Diese starke Meinungsverschiedenheit hat mehrere Gründe. Befürworter schätzen vor allem den hohen Nährstoffgehalt. Verglichen mit vielen anderen Rohstoffen, die als Substratgrundlage genutzt werden – Stroh und Holz eingeschlossen –, hat Kaffee einen sehr viel höheren Nährstoffgehalt. Pilze können aus dieser Grundlage also reichlich Nahrung ziehen. Außerdem ist frisch aufgebrühter Kaffee bereits durch das kochende Wasser steril. Es besteht also kein hohes Keimrisiko. Viele Menschen mögen außerdem den sogenannten „Zero-Waste"-Aspekt (d. h. den „kein-Müll"-Aspekt). Wer ohnehin Kaffee trinkt, nutzt einfach den Kaffeesatz der morgendlichen Tasse. Nichts wird verschwendet, kein neuer Rohstoff wird gekauft – umweltfreundlicher geht es kaum. Zudem ist Kaffee sehr leicht zu beschaffen und er findet sich ohnehin in zahlreichen Haushalten. Die Kaffeegegner in der Pilzzucht sehen neben diesen Vorteilen jedoch auch zahlreiche Nachteile. Frisch aufgebrühter Kaffee ist beispielsweise einerseits stark abgekocht, aufgrund der zahlreichen Inhaltsstoffe und seiner Feuchtigkeit andererseits jedoch ein guter Nährboden für Schimmelpilze. Kaffeesatz muss daher in sterilen Dosen aufbewahrt und sollte innerhalb von drei Tagen gesammelt und genutzt werden. Je nach Brühmethode ist der Feuchtigkeitsgrad des Kaffees sehr unterschiedlich und lässt sich oft nur schwer kontrollieren. Außerdem ist Kaffee sehr kompakt und lässt dadurch kaum Raum für Sauerstoff im Substrat. Der Kaffeesatztrend in der Pilzzucht kam ursprünglich aus den USA. Dort wird er immer noch in großer Beliebtheit als Substratgrundlage eingesetzt. Hierzulande erhält er derzeit immer mehr Anhänger. Empfehlenswert ist eine Mischung aus Kaffee und anderen Substratgrundlagen. So kann eine sauerstoffreiche Umgebung besser gewährleistet werden. Außerdem muss Kaffee dann nicht in enormen Größen gesammelt werden – denn die Kaffeemengen, die für ein reines Kaffeesubstrat benötigt werden, sind wesentlich größer als die für ein Mischsubstrat.

Fazit
Als Grundlage für das Pilzsubstrat eignen sich verschiedene Grundstoffe. Der nährstoffreichste Stoff ist Kaffee – allerdings kann dieser schimmelanfällig sein. Kaffee ist daher nicht unumstritten – in einem Mischsubstrat jedoch gut geeignet. Holz ist einer der zuverlässigsten Grundstoffe für Pilzsubstrate. Hier ist der Nährstoffgehalt ausreichend und die Sterilität gegeben. Stroh eignet sich insbesondere für anspruchslose Pilze. Wenn Sie Stroh benutzen möchten, sind ganze Strohhalme empfehlenswerter als Strohpellets. Letztlich richtet sich die Wahl der Substratgrundlage jedoch sehr nach den individuellen Vorlieben des Pilzes, den Sie sich ausgesucht haben.

Supplements – Zuschlagstoffe für Pilzsubstrate
In der professionellen Pilzzucht spielen sogenannte Zuschlagstoffe – auch Supplements genannt (aus dem Englischen) – eine große Rolle. Mit ihnen werden nährstoffarme Grundstoffe, wie beispielsweise Stroh oder auch Holz, angereichert. Zuschlagstoffe enthalten eine hohe Konzentration an notwendigen Nährstoffen und fördern den Ertrag. Sie sorgen dafür, dass das Substrat eine optimale Wachstumsgrundlage bildet. Allerdings haben Supplements auch einen Nachteil: Durch ihre Zugabe erhöht sich in der Regel auch die Kontaminationsanfälligkeit. Deshalb muss bei der Verwendung von Supplements besonders steril gearbeitet werden.

Supplements als Anfänger nutzen – Ja oder Nein?
Grundsätzlich besteht für Anfänger keine Notwendigkeit, Supplements zu nutzen. Sie werden sehr wahrscheinlich sowieso mit anspruchslosen Pilzen beginnen, wobei Supplements nicht zwingend wichtig sind. Außerdem ist es am Anfang oberstes Ziel, überhaupt erst einen Pilz zum Wachsen zu bekommen – wie hoch der Ertrag ist, spielt eine nebensächliche Rolle. Außerdem haben viele andere Faktoren einen größeren Einfluss auf die Ertragsmenge, wie beispielsweise die Luftfeuchtigkeit und die Temperatur. Da Supplements zudem das Kontaminationsrisiko steigern, besteht gerade bei Anfängern das Risiko, dass die Substrate verschimmeln.

Haben Sie hingegen mehr Erfahrung gesammelt, können Sie die Supplements ausprobieren. Sobald Sie mehrfach erfolgreich Pilze gezüchtet haben, ist die Arbeit mit Beifügungen eine neue Herausforderung, an die Sie sich trauen dürfen. Allerdings sollten Sie davor ein paar Dinge wissen:

1. Supplements sind umstritten – sogar noch mehr als Kaffeesatz als Substratgrundlage. Gerade bei Anfängern besteht oft zu wenig Hintergrundwissen um die einzelnen Supplements und deren Risiken. Nicht jeder Pilzzüchter schwört daher auf Supplements.

2. Supplements wirken wie Nahrungsergänzungsmittel für das Pilzmyzel. Sie sollen den Nährstoffgehalt im Myzel erhöhen, sollten aber nicht einzige Nährstoffquelle sein. So wie auch bei der menschlichen Ernährung stärker auf ein ausgewogenes und gesundes Essverhalten gesetzt werden sollte, anstatt sich auf Ergänzungsprodukte zu verlassen, sollte auch beim Pilz in erster Linie auf ein passendes Substrat geachtet werden.

3. Supplements sind dann sinnvoll, wenn die Basis-Rohstoffe zu wenig Nährstoffe enthalten oder ein besonders anspruchsvoller Pilz gezüchtet wird.

Zu den am meisten genutzten Supplements gehören:

- Gips
- Kalk
- Kaffeesatz
- Spelzen
- Kleie
- Zucker oder Dextrose
- Sojabohnenhülsen

Damit Sie ein besseres Verständnis für die Supplements erlangen, werden Ihnen im Folgenden die wichtigsten Zusatzstoffe näher erläutert.

Gips

Gips gehört zu den häufigsten Zusatzstoffen in der Pilzzucht. Nicht selten wird Gips direkt in das Substrat gemischt. Teilweise wird es auch unter die Körnerbrut gemischt, also den Zwischenstand des Myzels, in dem ausreichend Vitalität erreicht wurde, um Fruchtungssubstrate einzurühren. Tatsächlich kommt der Name Körnerbrut daher, dass Getreidekörner zur gleichmäßigen Verteilung des Myzels sowie als Nahrungsergänzungsmittel genutzt werden.

Gips beinhaltet die Nährstoffe **Calcium** und **Schwefel** (Sulfat), allerdings sind diese in der Regel in jedem Substrat ausreichend vorhanden. Auf der anderen Seite ist Gips je nach Herkunft, Mischung und Qualität gesundheitlich nicht unbedenklich. So können zahlreiche schädliche Stoffe wie Schwermetalle enthalten sein. Insbesondere Gips aus dem Baumarkt ist für die Pilzzucht nicht empfehlenswert.

Inhaltsstoffe: Etwa 1 Liter Gipslösung beinhaltet 600 mg Kalzium und geringe Mengen Schwefel. Dafür beinhaltet Gips jedoch auch Schwermetalle in nicht unerheblichen Mengen.

Kalk

Kalk und Gips werden häufig austauschbar verwendet. Beide Supplements werden gerne als **pH-Wert-Puffer** eingesetzt, um zu saures Substrat anzureichern. Allerdings hat auch Kalk kaum nennenswerte Inhaltsstoffe und die meisten Substrate sind nicht von Natur aus sauer. Kalk ist außerdem bereits im Leitungswasser vorhanden, sodass ein weiterer Anreicherungsbedarf selten besteht.

Inhaltsstoffe: Kalk beinhaltet keine Kohlenhydrate, Fette, Eiweiße oder Ballaststoffe. Kalk ist eine Verbindung aus Kohlenstoffen, Sauerstoff und Calciumcarbonat. Lediglich das im Calciumcarbonat enthaltene Kalzium ist für den Pilz vorteilhaft. Es kommt in ähnlich hohen Konzentrationen wie in Gips vor.

Kaffeesatz

Kaffeesatz ist, wie bereits erwähnt, als Substratgrundlage umstritten – ähnlich sieht es als Supplement aus. Die hohe Schimmelgefahr von Kaffee macht ihn für Anfänger zu einem risikobehafteten Zusatzstoff. Allerdings hat Kaffeesatz tatsächlich einen hohen Nährstoffgehalt. Insbesondere Ballaststoffe, Vitamine und Mineralstoffe sorgen hier für den hohen Wert. Zu den Vitaminen zählen insbesondere die B-Vitamine (Vitamin B2, Niacin, Pantothensäure, Vitamin B6). Zu den Mineralstoffen gehören vor allem Kalzium, Kalium, Phosphor und Magnesium. Anspruchsvollere Pilze werden ihn also sehr schätzen.

Inhaltsstoffe: Kaffeebohnen enthalten auf 100 g Bohnen 5 g Kohlenhydrate (davon 0 g Zucker), 5 g Proteine, 10 g Fett, 40 g Ballaststoffe und einige Vitamine und Mineralstoffe. In dem Kaffeesatz werden diese Inhaltsstoffe in minimal geringeren Mengen vorkommen, da durch den Brühvorgang einiges im flüssigen Kaffee landet. Der Hauptteil verbleibt jedoch im Kaffeesatz.

Spelzen oder Kleie

Getreide in Form von Spelzen oder Kleie wird in der Pilzzucht gern als Substrat verwendet. Die Inhaltsstoffe von beiden Produkten unterscheiden sich je nach Getreideart voneinander. Kleie ist dabei das bevorzugte Produkt. Sie besteht aus der äußeren Getreidekornhülle und dem Keimling und ist reich an **Proteinen** und **Stärke**. Auch **Fette** beinhaltet sie in geringen Mengen. Insbesondere die Proteine sind willkommene Nahrungsergänzungsstoffe für den Pilz – vor allem, wenn er auf nährstoffarmem Boden wächst. Empfehlenswert ist eine Kleiezugabe von 5 bis 15 % des Substrates. Allerdings sollten gerade Anfänger beachten, dass auch Kleie ein hohes Kontaminationsrisiko hat. Deshalb sollte man mit der Verwendung dieses Supplements abwarten und sich erst daran wagen, wenn erste Erfolge verbucht werden konnten. Kleie muss dabei sehr steril gehalten werden. Wenn Sie Kleie nutzen, sollten Sie das Substrat daher anschließend mit heißem Wasserdampf sterilisieren. Spelzen enthalten ähnliche Nährstoffe wie Kleie und machen sich in der Pilzzucht genauso gut. Sie beinhalten ein wenig mehr Proteine und deutlich mehr Kohlenhydrate. Kleie kann leichter zu besorgen sein, allerdings können Spelzen noch mehr wertvolle Nährwerte liefern.

Inhaltsstoffe: 100 g Kleie enthalten 17,7 g Kohlenhydrate (davon 1,92 g Zucker), 16 g Eiweiß und 4,65 g Fett. Außerdem ist sie reich an Mineralstoffen und Vitaminen und enthält 45,1 g Ballaststoffe. Spelzen enthalten auf die gleiche Menge 60 g Kohlenhydrate (davon 0,7 g Zucker), 17 g Eiweiß, 10 g Ballaststoffe, 1,7 g Fett und ist ebenfalls reich an Vitaminen und Mineralstoffen (wenngleich weniger als Kleie).

Zucker und Dextrose

Zucker und Dextrose werden seltener in der Pilzzucht eingesetzt, können jedoch für die Pilze genießbare **Kohlenhydrate** liefern. Davon abgesehen beinhalten sie weniger Nährstoffe – der Pilz profitiert in der Regel mehr von anderen Supplements. Insbesondere Pilze, die ohnehin auf kohlenhydratreichen Substraten sitzen, benötigen selten eine zusätzliche Zugabe von Zucker.

Inhaltsstoffe: 100 g Zucker enthalten 99,8 g Kohlenhydrate (davon 99,8 g Zucker), 0 g Eiweiß und 0 g Fett; Dextrose enthält auf die gleiche Menge 91,5 g Kohlenhydrate (davon 91,5 g Zucker), 0 g Eiweiß und 0 g Fett.

Sojabohnenhülsen

Sojabohnen sind besonders im US-amerikanischen Raum beliebte Supplements. Benutzt werden die äußeren Hüllen der Sojabohne, die bei der Ernte und Pressung der Bohnen als Nebenprodukt abfallen. Auch Sojabohnenhülsen enthalten viel Protein und Stärke sowie geringe Mengen Fett. Die Hülsen beinhalten damit zwar weniger Nährstoffe als Kleie, sind aber dennoch eine gute Ergänzung. Im europäischen Raum sind sie jedoch nicht immer leicht zu beschaffen.

Inhaltsstoffe: Auf 100 g Sojabohnen kommen etwa 15,5 g Eiweiß, 10,1 g Kohlenhydrate (davon 2,0 g Zucker) und 7,1 g Fett. Außerdem beinhalten sie etwa 1,9 g Ballaststoffe. Außerdem sind sie reich an Vitaminen und Mineralstoffen.

Abschliessende Tipps für die Substratherstellung

Nachdem Sie nun so einiges über Substrate und Supplements gelernt haben, erhalten Sie hier noch ein paar abschließende Tipps für die erfolgreiche Substratherstellung.

Eine luftige Struktur

Ein gutes Substrat braucht Lufträume. Ist es zu eng gepackt, haben Keime leichteres Spiel. Außerdem erhalten die Pilze nicht ausreichend Sauerstoff, wenn alles zu eng ist. Am besten eignen sich daher Substrate, die eine gewisse Struktur mit sich bringen. Gerade in Eimern oder Beuteln, wo das Substrat in einem geschlossenen Raum liegt, kann es sich andernfalls schnell verdichten. Wenn Sie ein Substrat selbst mischen, nutzen Sie am besten unterschiedliche Größen und Körnungen. Eine Mischung aus gröberen Holzhäckseln und feinerem Sägemehl eignet sich beispielsweise gut, um etwas Struktur ins Substrat zu bringen.

Ein gutes Maß an Feuchtigkeit

Feuchtigkeit haben Pilze gern – doch nicht zu viel. Ist das Substrat zu trocken, kann der Pilz nicht wachsen. Ist es zu feucht, verdichtet sich das Substrat und der Pilz kommt nicht richtig durch. Außerdem steigt das Kontaminationsrisiko. Als Richtwert können Sie sich merken: Substrate sollten möglichst einen Feuchtigkeitsgrad von 50 bis 60 % haben. Dies unterscheidet sich jedoch von Rohstoff zu Rohstoff, denn alle Rohstoffe unterscheiden sich in ihren Eigenschaften. Das bedeutet auch, dass jeder Rohstoff unterschiedliche Mengen von Wasser aufnehmen kann. Pellets – sowohl aus Holz als auch aus Wasser – benötigen beispielsweise eine deutlich größere Menge Wasser. Hier ein paar Beispiele für Richtwerte bestimmter Rohstoffe:

- Getreide: 100 bis 150 % Feuchtigkeit
- Holzhäcksel: 70 bis 100 % Feuchtigkeit
- Holzpellets 300 bis 400 % Feuchtigkeit
- Strohpellets: 300 bis 350 % Feuchtigkeit

Bei diesen Werten handelt es sich um die prozentuale Wasseraufnahme im Verhältnis zum Trockengewicht. Ein Beispiel: 100 g Holzhäcksel nehmen 70 bis 100 % Feuchtigkeit bzw. Wasser auf. Das bedeutet, 100 g Holzhäcksel nehmen 70 bis 100 g Wasser auf. Ein Liter Wasser wiegt bei Zimmertemperatur fast genau ein Kilo. Die Mengenangaben müssen also nicht umständlich umgerechnet werden.

Weniger ist anfangs mehr

Gerade für Anfänger gilt: Weniger ist oftmals mehr. Wenn Sie sich mit Substraten beschäftigen, können Sie eine Vielzahl von potenziellen Bestandteilen und Supplements finden. Insbesondere am Anfang kann das sehr verwirrend sein. Doch machen Sie sich keine Sorgen: Anfangs sind umfangreiche Rezepte gar nicht notwendig. Zahlreiche Pilze fühlen sich bereits auf einem einfachen Substrat aus Laubholzhäckseln und Leitungswasser völlig wohl. Je mehr Bestandteile Ihr Substrat hat, desto größer ist die Kontaminierungsgefahr. Also machen Sie sich anfangs keine unnötigen komplizierten Gedanken, das Substrat zu verbessern.

Das passende Kulturgefäß

Wie Sie bereits gelesen haben, kommen viele Gefäße für die Pilzzucht in Betracht. Doch welches eignet sich am besten? Das beliebteste Gefäß für Pilze in der Hobbyzucht ist wahrscheinlich der Eimer, dicht gefolgt von Plastikkisten, Gefrierbeuteln, Gläsern und Schlauchfolien. Eimer haben meistens ein Fassungsvermögen von fünf bis zehn Litern. Einer der wichtigsten Punkte bei der Wahl des passenden Gefäßes ist jener der Frischluftzufuhr. Das Substrat sollte immer auch bis zur Mitte hin Luft bekommen.

Gefrierbeutel, Schlauchfolien und andere Plastiktüten bestehen meistens aus dem Kunststoff Polyethylen, welcher bei Temperaturen von über 90 Grad Celsius schmilzt. Daher können Sie nicht sterilisiert werden. Wenn Sie sich für diese Gefäße entscheiden, sollten Sie sich darüber im Klaren sein, dass Sie unsteril arbeiten müssen. Das bedeutet, Sie sollten im Idealfall entsprechend ein Substrat wählen, was eine gute Belüftung zulässt und nicht zu anfällig für Keime ist. Pellets sind beispielsweise weniger gut geeignet, da sie sich leicht verdichten, wenig Frischluft zulassen und dadurch keimanfälliger sind. Eimer und Plastikkisten haben den Vorteil, dass sie wiederverwendbar sind. Je nach Größe kann es schwierig werden, sie zu sterilisieren. Wird das Sterilisieren schwierig, sollten Sie auch bei diesen Gefäßen darauf achten, ein Substrat zu wählen, das weniger anfällig für Keime ist, wie zum Beispiel Holz. Die Temperaturen halten die meisten Gefäße dieser Art aus. Die meisten Kunststoffeimer und -kisten bestehen aus dem Kunststoff Polypropylen, das kurzzeitig Temperaturen von bis 140 Grad aushält. Mittlerweile gibt es auch zahlreiche, extra für die Pilzzucht hergestellte Beutel. Diese sind so beschaffen, dass sie auch den Sterilisierungsprozess aushalten.

Ein Beispielsubstrat

Damit Sie eine bessere Vorstellung davon erhalten, wie Ihr Substrat aussehen könnte, erhalten Sie ein einfaches Beispiel:

- 40 % grobe Holzhäcksel
- 40 % feines Holzsägemehl
- 20 % Getreidebrut

Für dieses Standardrezept auf Holzbasis können Sie diverse Holzarten nehmen. Denken Sie jedoch daran, dass Pilze in der Regel beispielsweise keine Nadelhölzer mögen. Besonders beliebt sind, wie bereits erwähnt, Buche, Eiche und Birke.

Damit Sie eine Idee haben, wie andere Substrate gemischt werden können, hier noch ein paar Beispiele:

Ein Substrat auf Holz-Getreide-Basis lässt sich auch ohne feines Sägemehl mischen: Dazu einfach vier Teile Holzhäcksel mit einem Teil Getreide mischen (beispielsweise vier Liter Holzhäcksel und ein Liter Weizen- oder Roggenkörner).

Ein Substrat auf Kaffeebasis mischen Sie zu zwei Teilen Holzhäcksel und einem Teil Kaffee, beispielsweise zwei Liter Holzhäcksel und einen Liter Kaffeesatz.

Ein Substrat auf Strohgrundlage können Sie zu 50 % mit Holzhäckseln mischen, um die Nährstoffgrundlage zu erhöhen, beispielsweise zwei Liter Stroh und zwei Liter Holzhäcksel.

Ein wenig nährstoffärmer, aber immer noch gut für die Pilzzucht geeignet, ist die Stroh-Getreidemischung: Dafür nutzen Sie vier Teile Stroh und einen Teil Getreide (beispielsweise vier Liter Stroh und einen Liter Weizen oder Roggen).

Sie sehen schon, die Grundverhältnisse sind immer ähnlich und Sie können beim Mischen nicht allzu viel falsch machen. Bei Kaffeesubstraten ist nur wichtig, aufgrund der Schimmelgefahr, nicht zu viel Kaffee zu nutzen. Das liegt allein daran, dass Kaffeesatz möglichst frisch verarbeitet werden soll – und Sie werden wahrscheinlich eine Weile brauchen, bis Sie mehrere Liter Kaffeesatz parat haben.

Die Vorgehensweise (anhand des Beispielsubstrates)

Mischen Sie die Häcksel und das Sägemehl. Wenn Sie nicht wissen, wie viel Basisstoffe Sie für ein ausreichendes Substrat benötigen, können Sie sich an einer Masse von um die **drei Kilo** orientieren. Geben Sie die Mischung in das Gefäß, in dem Sie die Pilze züchten möchten. Fügen Sie die notwendige Menge Wasser hinzu. In diesem Beispiel sollten das mindestens drei bis vier Liter sein. Sie erinnern sich: Holzhäcksel nehmen bis zu 100 % der eigenen Masse an Wasser auf. Das feinere Sägemehl und die Getreidebrut können sogar mehr aufnehmen. Beginnen Sie mit drei bis vier Litern und gießen Sie ggf. nach. Anschließend beginnen Sie mit dem Sterilisierungsprozess.

Für diesen Schritt eignet sich am besten ein **Autoklavgerät**. Dieses funktioniert im Grunde wie ein Dampfgarer und sterilisiert Inhalte mit heißem Wasserdampf. Dabei können besonders hohe Temperaturen und leichter Druck erreicht werden. Alternativ kann das Sterilisieren auch mit einem einfachen Dampfgarer funktionieren. Damit wirklich alle Keime abgetötet werden, sollten die Temperaturen 121 Grad erreichen. In der Regel sagt man, dass das Substrat 20 Minuten bei voller Temperatur sterilisiert werden soll, das heißt, das Substrat muss die Temperatur von 121 Grad bis zur Mitte der Masse erreicht haben. Auch wenn das Substrat die Hitze bereits an den Außenwänden erreicht hat, muss gewartet werden, bis auch der „Kern" der Masse diese Hitze misst. Ab dann werden 20 Minuten gezählt. Falls Sie zu Hause gerne backen, können Sie sich das wie bei einem Kuchen vorstellen: Der Kuchen ist erst durchgebacken, wenn auch das Teiginnere durch ist. Die Ränder des Kuchens erreichen diese Hitze in der Regel viel schneller und sind als Erstes „durch". Deshalb testet man, um zu entscheiden, ob ein Kuchen fertig ist, auch die Teigmitte mit einem Holzspießchen. Mit der Substratmasse ist es ähnlich. Das Gleiche gilt später auch beim Herunterkühlen: Hier verliert die Mitte der Masse die Hitze langsamer.

Je nach Gerät und Substrat (Material und Größe) kann das Erreichen der Temperatur 40 bis 60 Minuten oder sogar mehr als eineinhalb Stunden dauern. Anschließend lassen Sie das Substrat über Nacht abkühlen, bevor die Pilzkultur untergemischt werden kann.

Wichtig: Das Substrat muss eine Kerntemperatur von maximal 30 Grad erreichen, bevor es für die Pilzzucht eingesetzt werden kann. Andernfalls ist es für das Pilzmyzel zu heiß. Das bedeutet: Auch wenn es sich von außen kalt anfühlt, testen Sie die Wärme in der Mitte der Substratmasse. Dort kann noch deutlich mehr Wärme gespeichert sein.

Falls Sie sich unsicher sind, ob Ihr Substrat ausreichend steril ist, können Sie eine kleine Probe machen. Testen Sie zunächst nur eine kleine Menge Substrat und lassen Sie es ohne Pilzkultur, aber unter pilzfördernden Bedingungen für eine Woche stehen. Bildet sich in dieser Zeit kein Schimmel, ist das ein gutes Zeichen. Ihr Substrat ist sehr wahrscheinlich steril genug.

Dieses einfache Substrat eignet sich beispielsweise für Austernpilze, Shiitakes, Igelstachelbart und Kräuterseitlinge.

Auf einen Blick:

Substrate und Supplements

Unterschiedliche Pilze mögen unterschiedliche Nährstoffe. Daher gibt es kein „Master"-Substrat, das für jeden Pilz ideal ist. Auf der Suche nach dem passenden Substrat müssen Sie vor allem an die Vorlieben Ihres Pilzes denken. Wo wächst Ihr Pilz am besten? Wie anspruchsvoll ist er? Beginnen Sie am besten mit anfängerfreundlichen, anspruchslosen Pilzen und arbeiten Sie sich nach oben zu den schwierigeren Varianten. Denken Sie daran, das erste Ziel lautet: Kulturen zum Wachsen bringen. Auch wenn Sie anfangs kleine Erträge erhalten, ist das ein großer Erfolg. Supplements werden von Anfängern nicht benötigt. Sie beinhalten neben Nährstoffen auch ein hohes Kontaminationsrisiko. Gerade Anfänger, die noch keine Übung im sterilen Arbeiten haben, riskieren dabei, die Pilzkulturen zu vernichten, indem sich Keime und unerwünschte Schimmelsporen einschleichen. Nutzen Sie daher anfangs lieber einfache Substratgrundlagen ohne Supplements. Wenn Sie irgendwann mehr Übung haben, können Sie den Versuch mit bestimmten Zuschlagprodukten wagen.

Jetzt geht es endlich an die Praxis. Im Folgenden erhalten Sie eine ausführliche Anleitung für Ihre erste Pilzzucht: den Austernpilz.

Erste Schritte: Austernpilze züchten

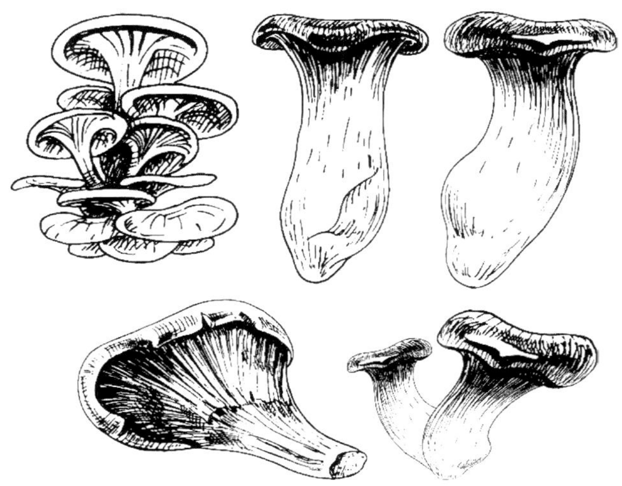

Austernpilze gehören zu den beliebtesten Speisepilzen und lassen sich außerdem sehr gut selbst züchten. Sie sind eher anspruchslose Pilze und benötigen keine großen Nährstoffmengen. In der Natur wächst der Austernpilz auf Laubhölzern – besonders gut geeignet sind daher Laubholzstämme, für diesen Pilz bieten sich jedoch mehrere Substratgrundlagen an. Auch auf Stroh kann der Austernpilz beispielsweise bestens gedeihen. Die Pilzbildung findet bei diesem Fungus bei 10 bis 25 Grad statt – optimal sind 22 Grad und das Wachstum ist schon bei Temperaturen zwischen 5 und 25 Grad möglich, weshalb Austernpilze auch in zahlreichen europäischen Ländern beheimatet sind.

Ein paar Fakten zum Austernpilz

Austernpilze wachsen meist in dichten Büscheln am Substrat, mit zungen- oder spaltenähnlichen Fruchtkörpern. Im späteren Wachstumsverlauf erinnern die Fruchtkörper immer mehr an Muscheln, weshalb sie den passenden Nahmen Austernpilz tragen. Der Stiel des Austernpilzes ist zwischen einem und vier Zentimeter lang und ein bis drei Zentimeter breit. Meistens sitzt er seitlich am Hut. Die Oberflächenstruktur des Pilzes ist fein filzig, am Grund ist er deutlich zottiger. Von oben sehen die Pilze meist braun aus, auf der Unterseite weiß. Auch das Fruchtfleisch und die Sporen sind weiß. Das Fleisch des Austernpilzes hat bei jungen Pilzen noch eine sehr weiche Konsistenz. Je älter der Pilz wird, desto zäher wird er auch. Auch der milde, angenehme Geruch junger Pilze kann mit dem Alter umschlagen.

Werden die Austernpilze im Haus gezüchtet, dann sollte die Umgebung einen hohen Grad an Luftfeuchtigkeit haben. Außerdem sollten die zuvor benannten Wachstumstemperaturen beachtet werden. Da Pilze dunkle Orte bevorzugen, müssen Sie auch nicht lange nach einem sonnenreichen Winkel suchen. Ein Keller eignet sich bereits viel besser. Haben Sie Sorge, dass es zu dunkel sein könnte? Als Richtwert gilt: Können Sie sich am Tag ohne künstliches Licht in dem Raum orientieren? Dann ist es auch hell genug für Pilze!

Ganzjahrestypen für die Indoor- und OUTDOOR-Zucht

Austernpilze sind sogenannte Ganzjahrestypen. Das bedeutet: Sofern die Bedingungen stimmen, gibt es keine feste Jahreszeit für diesen Pilz. Häufig erhalten Sie jedoch im Frühjahr und Herbst automatisch draußen die Temperaturen und die Luftfeuchtigkeit, die Sie benötigen. Grundsätzlich kommen zwei Züchtungsvarianten in Betracht: drinnen oder draußen. Im Haus können Austernpilze auf Strohballen gezogen werden. Draußen können Sie einfach einen alten Baumstamm als Substrat nutzen. Ein im Frühjahr durch Pilzkulturen beimpfter Baumstamm ist winterhart und schlägt im neuen Jahr wieder aus. Hier erfahren Sie schrittweise, wie Sie den Pilz selbst züchten. Dabei werden Ihnen zwei Möglichkeiten vorgestellt: die Outdoor-Zucht auf Holzstämmen und die Indoor-Zucht mit eigener Pilzbrut.

Pilze auf Baumstämmen züchten: Schritt-für-Schritt-Anleitung

Nun geht es an die Praxis: Nutzen Sie diese Schritt-für-Schritt-Anleitung und züchten Sie Ihre ersten Austernpilze! Im Folgenden wird mit der Dübelmethode gearbeitet, da diese gerade für Anfänger die empfehlenswerte Vorgehensweise ist. Alternativ können Sie auch die zuvor beschriebene Bohrlochmethode ausprobieren.

Für diese Anleitung benötigen Sie:

- Einen alten Baumstumpf
- Eine Bohrmaschine
- Pilzdübel (wir nutzen Austernpilze im Beispiel – Sie können diese Methode aber nach etwas Übung auch mit anderen Pilzen nutzen)
- Wasser
- Gummihammer
- Wachs, Klebeband oder Frischhaltefolie
- Ggf. ein Messer oder Nagel (für Löcher in der Folie)
- Ein Platz im Garten oder ein ausreichend großer Topf mit Erde

Schritt 1: Das richtige Holz auswählen

Wählen Sie einen Baumstamm – am besten einen frisch geschlagenen. Falls Sie einen forstwirtschaftlichen Landabschnitt besitzen, können Sie dort auch selbst einen alten Baum schlagen. Lassen Sie ihn vier bis sechs Wochen ablagern und überprüfen Sie, ob der Baumstumpf überwiegend intakt ist. Kleine Macken sind kein Problem, aber er sollte überwiegend gesund aussehen. Ist das Holz zu alt oder feucht geworden, erkennen Sie dies auch an einem modrigen Geruch. Bewässern Sie das abgestandene Holz für etwa 24 bis 48 Stunden. Das geht zum Beispiel mit mehreren „Duschen“ oder durch ein sanftes Wasserbad. Sorgen Sie jedoch dafür, dass das Holz nicht zu nass wird. Es sollte feucht genug für die Pilzzucht sein, aber nicht tropfend nass.

Schritt 2: Löcher vorbereiten

Haben Sie das Holz bewässert, können Sie direkt die Löcher in den Stamm bohren. Es ist empfehlenswert, mit der Dübelmethode zu beginnen. Dafür bohren Sie etwa neun Millimeter breite Löcher rund herum in den Baumstumpf. Sie können gerne auch Löcher in die Schnittfläche bohren. So hat der Pilz die besten Chancen, den Baumstumpf von allen Seiten aus einzunehmen. Austernpilze wachsen gerne auch an den Seiten des Baumstumpfes, daher werden sie sich freuen. Bohren Sie die Löcher so tief, dass die Pilzdübel später ganz hineinpassen. Verteilen Sie die Löcher möglichst gleichmäßig, um den Austernpilzen die besten Bedingungen zu geben. Achten Sie beim Bohren auch darauf, dass die Bohrmaschine nicht zu heiß wird. Ansonsten besteht die Gefahr, dass das Holz durch Berührung mit der heißen Bohrmaschine verkohlt. Das Verkohlen macht das Holz für den Pilz undurchdringbar, es wäre also sehr hinderlich für die Zucht. Wenn Sie merken, dass Ihr Bohrer zu heiß wird, setzen Sie ihn kurz ab und machen eine Pause, bis das Gerät wieder abgekühlt ist.

Schritt 3: Pilzdübel setzen

Nehmen Sie eine Packung Austernpilzdübel zur Hand und drücken Sie die Dübel auseinander, bis sich alle Dübel vereinzeln (Pilzdübel kommen normalerweise aneinandergeheftet). Öffnen Sie die Packung und stecken Sie die Pilzdübel in die Löcher. Schieben Sie die Dübel so weit es geht in das Holz hinein und schlagen Sie den Rest mit einem Gummihammer vorsichtig ein.

Schritt 4: Löcher verschließen

Verschließen Sie die Löcher mit Dübeln nun nach Belieben mit Wachs oder Klebeband. Alternativ können Sie den ganzen Baumstumpf rundherum in Frischhaltefolie wickeln. Wichtig ist, dass die Pilzdübel von außen gut geschützt sind. Klebeband und Wachs haben den Vorteil, dass Sie gezielt nur die Löcher verschließen können. Der restliche Stamm bleibt unverpackt und erhält ausreichend Frischluft. Damit Ihnen der Baum unter der Folie nicht verdirbt, sollten Sie daher unbedingt Löcher in die Frischhaltefolie ritzen, falls Sie sich für diese Variante entscheiden. Nutzen Sie dafür ein Messer oder einen Nagel. Die Folie sollte je nach Größe des Baumstumpfes mindestens 50 bis 60 Löcher haben – natürlich nicht direkt über den Pilzdübeln, aber so, dass die Austernpilze atmen können.

Schritt 5: Frostschutz und Geduld

Nun kann es bis zu zwölf Monate dauern, bis das Pilzmyzel den Baumstumpf ausreichend durchwachsen konnte. Durchschnittlich werden etwa acht Monate benötigt. Beachten Sie: Dies gilt für die Austernpilze, die wir im Beispiel nutzen. Wiederholen Sie diesen Prozess mit anderen Pilzen, kann es im Einzelfall auch einmal länger oder kürzer dauern. Allerdings benötigen die meisten Pilzmyzelien in etwa einen Zeitraum von sechs bis zwölf Monaten zum Durchwachsen des Baumstumpfes. Denken Sie daran, dass frisch geschnittene und beimpfte Baumstümpfe frostempfindlich sind. Bringen Sie den Baumstumpf daher für die Wintermonate an einen geschützten Ort. Eine Garage, eine Laube, ein Wintergarten oder ein Keller sind beispielsweise gut geeignete Orte. Der Ort sollte möglichst dunkel, feucht, windgeschützt und warm genug sein. Wie die meisten anderen Pilze bevorzugen auch Austernpilze Temperaturen ab zehn Grad. Jedoch sollte die Temperatur niemals unter fünf und niemals über 30 Grad gehen. Am wohlsten fühlen sich Austernpilze zwischen zehn und 20 Grad. Für die Sommermonate sollten Sie daher einen kühleren, schattigen Ort finden.

Schritt 6: Baum in die Erde setzen

Sobald Sie an mehreren Stellen das erste Myzel durchbrechen sehen, ist Ihr Pilz bereit, um draußen aufgestellt zu werden. Sie erkennen das Myzel an weißen Stellen, die durch die Rinde brechen. Suchen Sie einen Platz, der möglichst schattig, warm genug, feucht und windgeschützt ist. Dort stellen Sie Ihren Pilzstamm auf. Entfernen Sie die Verschließungen über den Löchern (Folie, Wachs oder Klebeband). Wachsreste schaden dem Pilz nicht und können teilweise sogar natürlich verarbeitet werden, daher dürfen Wachsreste ruhig am Stamm bleiben (versuchen Sie aber, den Großteil zu entfernen). Graben Sie den Baum zu einem Viertel in Erde ein – entweder direkt in den Garten oder in einem Topf mit Erde. Die Topfvariante hat den Vorteil, dass der Pilz mobil bleibt: Sie können mehrere Plätze ausprobieren und zwischen Sommer- und Winterplätzen wechseln.

Schritt 7: Baumstamm und Pilze pflegen

Viel Pflege brauchen Ihre Pilze nicht. Austernpilze sind, wie Sie bereits gelernt haben, sehr anspruchslos. Aber auch viele andere Pilze werden nicht viel Aufmerksamkeit von Ihnen fordern. Die Baumstammzucht ist die natürlichste und daher auch in den meisten Fällen die Variante, die am wenigsten Pflege benötigt.

Haben Sie einen guten Platz gewählt, fühlt sich der Pilz meist auch alleine sehr wohl. Im Sommer und an trockeneren Standorten sollten Sie regelmäßig für Feuchtigkeit sorgen. Gießen Sie dafür einfach den Baum und die Pilze regelmäßig. Als Orientierung können Sie sich merken: An der Schnittstelle sollte sich der Baum immer leicht feucht anfühlen. Außerdem sollten Sie die gewachsenen Pilze (Fruchtkörper) regelmäßig abernten. So können neue Fruchtkörper nachwachsen.

Schritt 8: Pilze ernten und genießen

Sobald die Fruchtkörper sich bilden, schreitet die Entwicklung in einem rasanten Tempo voran: Innerhalb von nur wenigen Tagen vervielfachen sich die Pilze in ihrer Größe. Austernpilze wachsen mit dicken Stielen, die wenige Zentimeter lang sind. Ihre Hüte entfalten einen durchschnittlichen Durchmesser von vier bis zehn Zentimeter. Haben sie optimale Bedingungen, können die Pilze sogar bis zu 20 Zentimeter Hutdurchmesser erhalten. Sie können die Fruchtkörper jederzeit ernten – nehmen Sie sie einfach, sobald Ihnen die Größe gefällt. Die Größe der Fruchtkörper hat keinen Einfluss auf ihre Genießbarkeit (anders als zum Beispiel bei Früchten müssen Sie nicht auf „Reife" warten). Allerdings verstärkt sich das Aroma mit dem Wachstum: Das volle Aroma ist erreicht, kurz bevor die Pilze Sporen freigeben können. Das ist in der Regel beim Erreichen handelsüblicher Größe bzw. nach wenigen Tagen der Fall. Beim Austernpilz orientieren Sie sich einfach an dem Hutdurchmesser. Bei etwa zehn Zentimeter Durchmesser sollte die

Sporenreife erreicht sein. Teilweise geschieht dies auch früher. Bei vielen Pilzen können Sie es auch daran erkennen, dass sich der Hutrand leicht nach oben wölbt und verdunkelt – so auch beim Austernpilz. Da die Pilze jedoch auch vor Sporenreife genießbar sind, schadet es nicht, wenn Sie sie ein wenig zu früh ernten.

Schneiden Sie die Austernpilze stets mit einem scharfen Messer vom Holz ab. Entfernen Sie alle Reste am Holz, damit ein neuer Fruchtkörper nachwachsen kann. Austernpilze werden Ihnen mehrfach im Jahr neue Ernten geben. Sie dürfen mit mindestens drei bis vier Ernten rechnen. Außerdem können Sie mehrere Jahre lang von dem Baumstamm zehren.

Pilzzucht im Garten

Wenn Sie über einen Garten verfügen, haben Sie viele Möglichkeiten, Pilze zu züchten. Je nach Jahreszeit können Sie draußen die unterschiedlichsten Pilze kultivieren und im Grunde das ganze Jahr über neue Pilze zur Verfügung haben. Zu den bekanntesten Pilzen, die sich bestens im Garten ziehen lassen, gehören die folgenden:

- Austernpilze
- Stockschwämmchen
- Shiitakes
- Samtfußrüblinge – besser als Winterpilze bekannt
- Kräuterseitlinge
- Champignons
- Riesenträuschlinge (Braunkappen; insbesondere auf Stroh)

Nährböden im Garten sind vorwiegend Laubholzarten, alte Holzstämme oder Holzhäcksel.

Zur Erinnerung: Am besten eignen sich Laubholzarten wie Buche, Eiche, Kastanie, Birke, Ahorn und Weide.

Auch einige Obstbäume, wie Apfel, Kirsche, Pflaume und Birne, sind für verschiedene Pilze geeignet. Die wenigsten Pilze lassen sich auf Nadelhölzern ziehen. Austernpilze gedeihen beispielsweise jedoch auch auf Fichten. Zwar bevorzugen sie in der Regel Laubhölzer, allerdings sind sie auch in der Natur immer wieder auf Fichten, selten auch auf anderen Nadelgehölzen zu finden.

Eine andere Möglichkeit, Pilze im Garten zu ziehen, ist das Anlegen eines Pilzgartens oder auch Pilzbeetes. Dabei empfiehlt es sich jedoch, professionell vorgezogene, fertige Pilzkulturen oder zumindest professionell gefertigte gute Substrate zu verwenden. Andernfalls kann sich die Wartezeit bei dieser Art sehr in die Länge ziehen. Bei einem Pilzbeet werden Substrate und Pilzkulturen direkt in den Boden gegeben. Ein ausgegrabenes Beet direkt in der Gartenerde fungiert als Behälter. Der Vorteil professioneller Kulturen und Substrate ist bei dieser Variante auch, dass Keime geringere

Chancen haben. Während die Beete nicht sterilisiert werden können, können zumindest professionell steril gehaltene Substrate verwendet werden. Im Folgenden lernen Sie alles, was Sie beim Kultivieren von Pilzen im Garten beachten müssen, beginnend beim Equipment bis hin zu allen notwendigen Schritten.

Equipment: Was man benötigt

Zunächst benötigen Sie die richtige Ausrüstung. Je nach Anbaumethode kann sich diese ein wenig unterscheiden. Grundsätzlich benötigen Sie jedoch keinerlei Spezialwerkzeuge oder Ähnliches. Die Outdoor-Pilzzucht ist die natürlichste Form und greift nur sehr wenig in den natürlichen Wuchs der Pilze ein. Die meisten Ausrüstungsgegenstände werden Sie sehr wahrscheinlich bereits zu Hause haben. Unabhängig von der Anbaumethode werden jedoch diese Dinge nützlich sein:

- Gießkanne oder Wasserschlauch
- Spaten (vor allem für Pilzbeete) und Schaufel
- Ast- und Heckenschere
- Schneckenzaun
- Bohrmaschine und Holzbohrer
- Abdeckplane, Schattiergewebe oder Jutesäcke
- Pflanzenholz (alternativ auch ein Besenstiel)
- Für Pilzbeete: eine automatische Tröpfchenbewässerung

Viele dieser Gegenstände haben Sie wahrscheinlich schon zu Hause liegen. Falls Sie ein absoluter Anfänger auf dem Gebiet des Gärtnerns und der Pilzzucht sind, können Sie alle hier erwähnten Gegenstände auch in jedem Baumarkt und Gartencenter und sogar in vielen gut ausgestatteten Supermärkten erhalten. Lesen Sie weiter, um zu erfahren, wie Sie Baumstämme präparieren und was Sie bei der Zucht auf Baumstämmen noch beachten sollten.

Pilzzucht auf Baumstämmen (Laubholz)

Eine große Anzahl von Pilzen wächst bestens auf Holzstämmen – denn dort wachsen sie auch in der Natur. Daher gehört diese Anbaumethode zu den beliebtesten und vor allem natürlichsten Verfahren bei der Pilzzucht. Finden Sie einen feuchten Platz im Garten, benötigen Pilze auf Laubholzbaumstämmen so gut wie gar keine Pflege. Je nachdem, wie groß Ihr Baumstamm ist und welche Holzart Sie nutzen, können Sie sogar mehrere Jahre lang von dem gleichen Baumstamm Pilze ziehen. Viele Pilzarten werden Ihnen auf diesem Untergrund zwischen drei und sechs Jahren immer wieder neuen Ertrag geben. Weiche Hölzer bieten dabei weniger lang frische Pilze als harte Hölzer. Das liegt daran, dass die Nährstoffe aus weichen Hölzern in der Regel wesentlich schneller aufgebraucht sind. Zu den weichen Laubhölzern zählt beispielsweise die Birke. Zu den harten Laubhölzern zählen Buche oder Eiche. Auf Laubhölzern können Sie mit den folgenden Pilzarten Ihr Glück versuchen:

- Austernpilze
- Shiitake-Pilze
- Stockschwämmchen
- Rosenseitling
- Zitronenpilz
- Samtfußrübling (Enoki)
- Igelstachelbart (Pom-Pom)

Der Austernpilz und das Stockschwämmchen wachsen auch auf einem Nadelholzbaumstamm. Am besten eignet sich dafür Fichte.

Die Zucht auf dem Baumstamm hat viele Vorteile (beispielsweise die natürliche Art und die pflegeleichte Zucht), allerdings kann die Zucht etwas länger dauern als an anderen Orten. In der Regel werden Sie sich nach dem Beimpfen des Baumstammes einige Monate – teilweise sogar bis zu zwölf – lang gedulden müssen. In dieser Zeit ist das Pilzmyzel hochaktiv und wächst zunächst versteckt im Holz und unter der Rinde. Nach einigen Monaten ist dann das Pilzmyzel groß genug und kann Fruchtkörper bilden. Nach einigen Jahren wächst das Myzel so weit, dass der Baumstumpf von innen morsch wird. Dann sind die Nährstoffe langsam aufgebraucht, der Baumstumpf ist vollständig ausgenutzt und Veränderungen des Holzes sind von außen feststellbar.

Die Beschaffenheit des Holzes

Achten Sie darauf, dass das Holz möglichst frisch geschlagen ist. So sind noch möglichst viele Nährstoffe vorhanden und andere Keime und Zersetzer haben sich noch nicht tief in den Baumstumpf eingenistet. Holz, das älter als vier Monate ist, ist in der Regel bereits durch Keime und konkurrierende Pilzarten besiedelt. Auch die Baumrinde des Stumpfes sollte noch unbeschädigt sein. Der frisch geschlagene Baumstumpf sollte dann jedoch vier Wochen abgelagert werden. Andernfalls ist der Rest des Baumes noch voll von Pilzabwehrstoffen, die den Baum in der Natur vor der Übernahme unerwünschter Pilze schützen sollen. Bleibt der tote Baumstumpf jedoch vier Wochen lang liegen, können sich die Stoffe abbauen. Alternativ können Sie einen Baumstumpf wählen, der bereits ein wenig älter ist, jedoch idealerweise nicht älter als zwei bis drei Monate. Ausreizen sollten Sie dieses Fenster jedoch nicht, sofern es Ihnen möglich ist. Der ideale Baumstumpf hat außerdem einen Durchmesser von zehn bis 30 Zentimetern. Sie haben also recht viel Spielraum bei der Größe. Der Shiitake ist dahingehend etwas anspruchsvoll und hat gerne einen Baumstamm von 15 bis 20 Zentimetern Durchmesser.

Ist der Baumstumpf lange genug abgelagert worden, bewässern Sie ihn. So sorgen Sie für ausreichend Feuchtigkeit. Danach ist er im Grunde bereits bereit, um von der Pilzkultur angereichert zu werden. Für das sogenannte Beimpfen gibt es verschiedene Methoden. Im Folgenden werden diese nacheinander vorgestellt.

Methoden

In diesem Abschnitt lernen Sie die wichtigsten Methoden zum Beimpfen des Baumstammes kennen. Sie können dabei zwischen

- der Dübelmethode,
- der Bohrlochmethode und
- der Schnittimpfmethode

wählen.

Alle Methoden werden Ihnen im Folgenden detaillierter vorgestellt, sie haben alle jeweils ihre Vor- und Nachteile. Grundsätzlich lässt sich jedoch festhalten, dass die Dübelmethode überwiegend die effektivere ist. Welche Methode sich für Ihren Fall eignet, hängt auch von den Umständen des Einzelfalls ab. Persönliche Vorlieben, Umgebungsbeschaffenheit und Pilzarten können dabei eine Rolle spielen.

Dübelmethode: Pilzzucht mit Pilzdübeln/Impfdübeln

Die einfachste Methode, einen Holzstamm mit Pilzen zu beimpfen, ist die sogenannte Dübelmethode. Mit ihr gelingt das Beimpfen recht schnell und unkompliziert. Außerdem werden kaum Werkzeuge benötigt. Die Dübelmethode hat ihren Namen danach erhalten, dass tatsächlich kleine Holzdübel zum Beimpfen eingesetzt werden. Und so geht's:

Durchführung:

1. Ist der Holzstamm vorbereitet und bewässert worden, werden kleine Löcher ringsum in den Stamm gebohrt. Die Löcher sollten in etwa einen Durchmesser von neun Millimetern haben. Am einfachsten gelingt dies mit einem Holzbohrer.

2. Diese Löcher werden dann mit sogenannten Pilzdübeln besteckt. Pilzdübel sind kleine Holzdübel, die mit einer Pilzkultur angereichert wurden. In ihnen wachsen bereits die Pilzmyzelien. Sie können die Pilzdübel im Fachhandel vor Ort oder online finden. Damit die Pilzdübel fest im Holz sitzen, sollten sie anschließend mit einem Hammer eingeschlagen werden – gerade so, dass sie stabil im Loch sind.

3. Im Anschluss geben Sie dem Pilz einige Wochen bis Monate Zeit, den Stamm zu durchwachsen. Haben Sie die Pilzdübel rundum eingeschlagen, unterstützt dies das umfassende Wachstum der Kulturen. Die Pilze können den Baumstamm von allen Seiten aus einnehmen.

4. Verschließen Sie die Impflöcher am besten, bevor Sie den Stamm für eine gewisse Dauer in Ruhe lassen. Dafür können Sie Wachs oder Klebeband nutzen, auch Frischhaltefolie eignet sich gut. Denken Sie daran, dass es mehrere Monate dauern kann, bis der Stamm vollständig bewachsen ist. Während dieser Zeit sollten Sie unbedingt darauf achten, dass die Umgebungsbedingungen für den Pilz zufriedenstellend sind.

Bohrlochmethode: Pilzzucht mit Körnerbrut und Substratbrut

Eine Alternative und Abwandlung der Dübelmethode ist die Bohrlochmethode.

Durchführung:

1. Auch hier bohren Sie Löcher in den Baumstamm, allerdings sollten diese deutlich größer sein als bei der Dübelmethode. Ein Loch sollte einen ungefähren Durchmesser von 20 bis 30 Millimetern haben. Sie können solche Löcher mit einem sogenannten Forstnerbohrer oder Schlangenbohrer in den Holzstamm bohren.

2. Anschließend werden die Löcher mit Körnerbrut aus dem Fachhandel oder Substratbrut (ähnlich wie Körnerbrut, jedoch nicht auf nährstoffreicher Körnerbasis, sondern auf Substratbasis) gefüllt.

3. Danach verschließen Sie die Löcher mit kleinen Holzscheiben. Wenn Sie die Pilze zusätzlich abschirmen möchten, können Sie, wie auch bei der Dübelmethode, noch Wachs zum Versiegeln nutzen. Sie sollten jedoch unbedingt an die Holzscheiben denken, damit die Pilze gut anwachsen können. Außerdem ist dieser feste Verschluss bei der Körnerbrut besonders wichtig, da andernfalls Fressfeinde schneller an die Pilzkulturen gelangen. Für Insekten, Vögel und Mäuse sieht die Körnerbrut nämlich wie ein gefundenes Festmahl aus.

4. Auch bei der Bohrlochmethode sollten Sie möglichst viele Löcher rund um den Stamm herum bohren. Da Löcher in dieser Größe gerade in Hartholz nicht leicht zu bohren sind, sollten Sie wirklich an gutes Equipment, wie eine gute Forstner-Bohrmaschine, denken. Eine einfache Bohrmaschine für den Hausgebrauch kommt bei Hartholz und solch großen Löchern schneller an ihre Grenzen. Da Überhitzungsgefahr besteht, kann dieser Fehlgriff schnell gefährlich werden.

Da nicht jeder eine spezielle Bohrmaschine zu Hause hat, kommt dieses Verfahren vor allem in der professionellen Pilzzucht zum Einsatz.

Schnittimpfmethode: Pilzzucht mit Körnerbrut und Substratbrut

Die dritte Variante der Baumstamm-Zuchtmethoden ist die sogenannte Schnittimpfmethode.

Durchführung:

1. Dabei schneiden Sie – wie der Name schon verrät – mehrere Schnitte in den Baumstamm, die zu einem Drittel des Baumstammdurchmessers in den Baum hineingehen. Nutzen Sie dafür am besten eine Kettensäge.

2. Diese Schnitte werden im Anschluss mit Körnerbrut oder mit Substratbrut gefüllt. Auch für diese Methode empfiehlt es sich, mehrere Schnitte um den Stamm herum zu sägen. Achten Sie allerdings darauf, nicht zu übermütig zu werden und den ganzen Stamm zu zersägen. Bei tiefen Schnitten sollten Sie ein wenig vorsichtiger sein als bei Bohrungen – überladen Sie den Baumstamm nicht mit Löchern, andernfalls haben die Pilze nicht mehr viel Platz zum Nähren.

Als Faustregel können Sie sich merken:
Pro Meter Holz etwa drei Schnitte.

3. Haben Sie alle Schnitte mit Pilzbrut gefüllt, verschließen Sie auch hier wieder die Öffnungen. Dafür können Sie am besten Klebeband oder Frischhaltefolie nutzen. Darunter bleibt es für die Pilze warm und feucht und Fressfeinde kommen nur schwer daran vorbei.

Ein Vorteil dieser Methode ist, dass sich dank der Kettensäge und der geringen Anzahl an notwendigen Schnitten in kürzester Zeit mehrere Baumstämme mit Pilzen beimpfen lassen. Die Dübelmethode und die Bohrlochmethode benötigen in der Regel wesentlich mehr Zeit, da es viel umständlicher ist, kleine Löcher zu bohren. Auch das Füllen der Schnitte mit Pilzbrut geht in der Regel schneller als das Befüllen der zahlreichen Löcher der Bohrlochmethode. Die Nachteile dieser Variante: Zum einen ist diese Methode nur möglich, wenn Sie eine Kettensäge besitzen und auch damit umgehen können. Zum anderen verliert der Baumstamm durch die tieferen Schnitte leichter an Stabilität. Mit zunehmendem Alter der Pilze verliert das Holz allerdings auch unabhängig von der Beimpfungsmethode an Stabilität. Schließlich zersetzt der Pilz das Holz, indem er sich davon nährt. Sie werden also auf keinem Holzstamm ewig Pilze züchten können, egal, welche Methode Sie zum Beimpfen wählen. Das Gute an der Nachricht: Da diese Art, Pilze zu ziehen, ansonsten nicht viel Aufwand erfordert, können Sie jederzeit von Neuem beginnen.

Holz ist nicht gleich Holz: Was ist für welchen Pilz geeignet?

Holz ist nicht gleich Holz – so viel haben Sie im Rahmen dieses Buches schon gelernt. Manche Arten Holz eignen sich besser als andere. Außerdem muss Holz in der richtigen Verfassung sein, um eine gute Basis für die Pilzzucht zu bieten. In diesem Abschnitt beschäftigen wir uns daher mit verschiedenen Holzarten und damit, welcher Pilz welches Holz besonders gerne mag.

Hölzer werden vorwiegend anhand ihrer Härte unterschieden. So teilt man die Hölzer vorwiegend in Hartholz und Weichholz. Hartholz besitzt einen großen Anteil an Fasern, ist insgesamt sehr fest und schwer und ist dadurch meistens auch schwerer zu bearbeiten. Weichholz ist entsprechend seiner Bezeichnung weniger fest und leichter. Es lässt sich daher auch leichter bearbeiten. Zu den Hartholzarten zählen vorwiegend Laubhölzer wie Eiche, Buche, Kirsche, Ahorn, Nussbäume, Birke und auch der immergrüne Baum Eibe. Zu den Weichholzarten zählen hingegen Linde, Kastanie, Erle und Zirbel.

Eine andere Art, Hölzer zu differenzieren, ist anhand ihres Anteils von sogenanntem Splintholz und Kernholz.

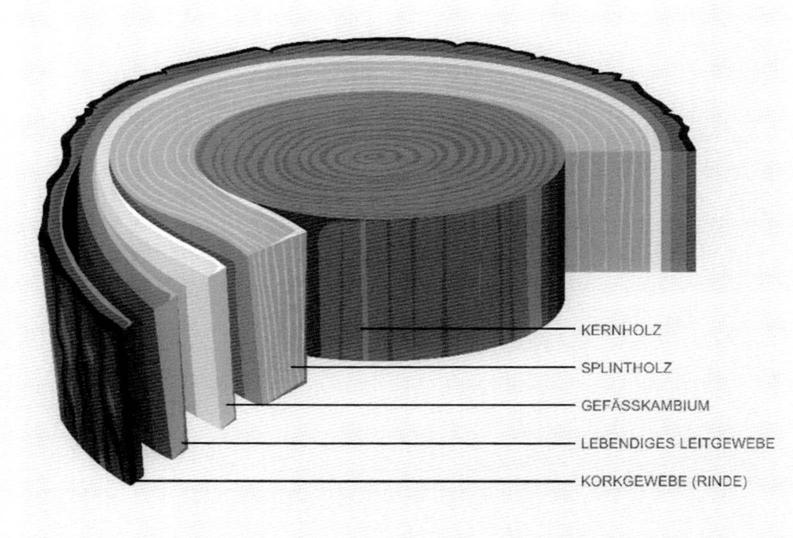

Splintholz ist die Bezeichnung für die äußere Baumschicht. Dieses Holz ist jung, physiologisch aktiv und sorgt vor allem für die Wasser- und Nährsalzweiterleitung in die Baumkrone. Außerdem ist das Splintholz für die Zucker- und Stärkespeicherung verantwortlich. Auf einem abgeschnittenen Baumstumpf lässt sich das Splintholz häufig von der inneren Schicht – dem Kernholz – anhand der Helligkeit unterscheiden. Splintholz ist bei vielen Baumarten deutlich heller. Kernholz hingegen ist die Mitte des Baumstammes, also die innere Schicht. Kernholz ist totes Holz, das jedoch sogenannte phenolische Inhaltsstoffe (organische Ringverbindungen) besitzt, welche die Zellwände der Pflanze imprägnieren. Dies verleiht dem Holz meist eine stabilere Dauerhaftigkeit. Kernholz ist in der Regel deutlich dunkler als Splintholz und außerdem wesentlich fester. Bei vielen Baumarten ist Splintholz so weich, dass es für die Industrie und das Handwerk kaum nutzbar ist. Bei vielen Baumarten wird Splintholz mit zunehmendem Alter zu Kernholz. Diesen Vorgang nennt man Verkernung.

Einige Pilze bevorzugen die eine oder andere Art Holz. Doch welches Holz sollten Sie nehmen, wenn Ihr Pilz beide Holzarten mag? Das ist ganz davon abhängig, welche Prioritäten Sie setzen möchten: Hartholz bietet häufig mehr Ertrag, da es länger dauert, das feste Holz zu zersetzen. Der Pilz braucht mehr Zeit, um sich durch das ganze Holz durchzuarbeiten, deshalb können Sie meistens mehrere Jahre von diesem Holz zehren. Allerdings dauert es auch länger, bis das Pilzmyzel den Baumstamm durchwachsen hat. Deshalb erhalten Sie den ersten Ertrag auch erst nach deutlich längerer Zeit. Weichholz zeigt wiederum einen schnellen Ertrag, da der Pilz viel rascher durch das weiche Holz kommt. Dafür zersetzt er es auch schneller und Sie werden weniger Jahre von dem gleichen Stamm zehren können. Ähnliches gilt übrigens auch für Splint- und Kernholz. Je größer der Anteil des weicheren Splintholzes, desto leichter kann sich der Pilz durch den Stamm fressen. Je größer der Anteil des Kernholzes, desto länger dauert es. Damit Sie bereits eine grobe Idee bekommen und besser planen können, hier eine Übersicht der bekanntesten Pilze für die Heimzucht und darüber, welche Holzart sie mögen:

Austernpilz:

- Buche
- Eiche
- Birke
- Weide
- Esche
- Pappel
- Ahorn
- Esskastanie
- Obstbäume wie Apfel, Kirsche, Pflaume

Shiitakes:

- Buche
- Eiche
- Birke
- Ahorn
- Esskastanie
- Obstbäume wie Apfel, Kirsche, Pflaume

Kräuterseitling:

- Wächst bevorzugt auf den Wurzeln von Kräutern und Stauden
- Bevorzugt kein Holz
- Wird besser auf Substrat gezogen

Löwenmähne:

- Buche
- Eiche
- Birke
- Obstbäume wie Apfel, Kirsche, Pflaume

Zitronenpilz:

- Buche
- Birke
- Weide
- Pappel
- Ahorn

Diese fünf Pilze gehören zu den bekanntesten und beliebtesten Pilzen für die Heimzucht. Im nächsten Abschnitt lernen Sie alles über den richtigen Zeitpunkt des Beimpfens.

Der richtige Zeitpunkt für die Pilzzucht auf Baumstämmen

Auf Baumstämmen werden Pilze draußen an der frischen Luft gezogen. Entsprechend spielt die Umgebungsbeschaffenheit eine große Rolle. Anders als im Haus können Sie die Temperaturen und die Luftfeuchtigkeit nicht regeln. Daher kommt es für die erfolgreiche Pilzzucht auf Baumstämmen auch auf die richtige Zeit an. Kurz gesagt: Die beste Zeit für die meisten Pilze (darunter auch die Austernpilze) ist im Frühjahr, etwa nach der Zeit der letzten Fröste. Man sagt auch beim Gärtnern, dass man bei den meisten Pflanzen bis zu den Eisheiligen im Mai warten soll, da es bis dahin noch zu überraschendem Nachtfrost kommen könnte. Ganz so lange müssen Sie vielleicht nicht warten – aber wer auf Nummer sicher gehen möchte, darf sich an dieser Markierung orientieren.

Myzelien wachsen erst ab zehn Grad Celsius gut. Darunter ist es zu kalt für den Pilz, um sich wohlzufühlen. Diese Temperaturen sind durch die Sonnenstrahlen im Frühjahr jedoch häufig schon ab März erreicht. Sie können also auch bereits im März Erfolg mit der Pilzzucht im Freien haben. Pilze sterben normalerweise nicht direkt durch den Frost. Allerdings verlangsamen die niedrigen Temperaturen das Wachstum der Pilzmyzelien deutlich. Das wiederum bedeutet: Bei niedrigen Temperaturen schreitet die Entwicklung des Myzels nur schwach voran, während zahlreiche kälteresistente Mikroorganismen die Zeit nutzen und Nährstoffe aus dem toten Baum ziehen können. Die Mikroorganismen, die in diesen Temperaturen bestens gedeihen, sind klar im Vorteil und können die Nährstoffe dem Pilz komplett ‚wegnehmen'. Im schlechtesten Fall kann dies zu einem vollständigen Ertragsausfall führen.

Wenn Sie die Pilze später im Jahr anpflanzen möchten, sollten Sie aus diesem Grund bis spätestens September handeln. Bis dahin sind die Temperaturen in der Regel noch warm genug, um das Pilzwachstum zu fördern. Frisch beimpfte Myzelien überstehen den kalten Winter aufgrund des stark beschleunigten Wachstums meistens nicht und sollten in einem frostfreien, wärmeren Lagerplatz untergebracht werden. Lagern Sie den Baumstumpf während der Wintermonate am besten im Keller, Wintergarten oder an einem anderen frostsicheren Ort. Haben Sie einen definitiv frostsicheren Ort zur Lagerung gefunden, können Sie die Pilze auch bereits im Winter vorbereiten, beimpfen und im Frühjahr hinausbringen. Die sicherere Variante ist jedoch das Abwarten bis zum Frühjahr.

Ist das Pilzwachstum erst einmal in Gang gebracht, ist weniger Vorsicht geboten. Das Myzel wird im nächsten Winter nicht absterben und hat sich bereits stark genug ausgebreitet, um den Baumstumpf einzunehmen. Andere Organismen haben nun weniger Chancen, dem Pilz Konkurrenz zu machen. Daher können Sie den Baumstumpf im nächsten Winter ruhigen Gewissens im Garten stehen lassen.

Tipps & Tricks für die Pflege Ihrer Pilzzucht auf Baumstämmen

In diesem Abschnitt erhalten Sie noch ein paar Tipps und Tricks für die Pilzpflege auf Baumstämmen. Die Pflege ist in der Regel nicht sehr anspruchsvoll, doch schon wenige kleine Tricks können das Ergebnis maßgeblich verbessern.

Tipp 1: Die richtige Feuchtigkeit
Die richtige Feuchtigkeit spielt eine entscheidende Rolle bei der Anzucht der Pilze. Überprüfen Sie die Feuchtigkeit regelmäßig und bewässern Sie den Baumstamm, falls notwendig. Wenn Sie dazu neigen, derartige Dinge zu vergessen, oder die Pilze nicht automatisch täglich im Blickfeld haben, stellen Sie sich einfach eine Erinnerung ins Handy. Im Zweifelsfall gilt: Die Pilze mögen es lieber ein wenig zu feucht als ein wenig zu trocken.

Tipp 2: Die richtige Temperatur
Während der Durchwuchsphase – also der Phase, in der das Myzel beginnt, den Baumstumpf zu durchziehen – sind Temperaturen von mindestens fünf bis 20 Grad optimal. Viele Pilze fühlen sich ab zehn Grad am wohlsten. Auch höhere Temperaturen verkraften die meisten Pilze, jedoch sollten Sie Temperaturen von mehr als 30 Grad vermeiden. Dies ist für die meisten Pilze zu heiß. Außerdem vertrocknet das Holz bei derartigen Temperaturen schnell.

Tipp 3: Geduld ist das Zauberwort
Die Durchwuchsphase kann auf einem Baumstamm mehrere Monate dauern. Je nach Bedingungen sollten sie mit sechs bis zwölf Monaten rechnen. Das bedeutet: Sie brauchen am Anfang besonders viel Geduld. Gönnen Sie dem Pilz Zeit und geben Sie nicht auf, nur weil Sie nach exakt sechs Monaten noch keinen Ertrag sehen. Womöglich ist das Myzel gerade dabei, den Baumstamm zu durchwandern.

Tipp 4: Ausreichend Belüftung
Insbesondere in der Durchwuchsphase benötigt der Baumstumpf ausreichend Frischluft. Falls Sie den Baumstumpf also nicht im Garten lagern (beispielsweise, weil er in der Garage überwintert), sollten Sie eine regelmäßige Belüftung sicherstellen. Aufgrund der hohen Feuchtigkeit des Baumstammes besteht ohne Belüftung die Gefahr, dass sich Schimmelpilze bilden. Gleichzeitig kann Frischluft bei ausreichend hoher Luftfeuchtigkeit auch dafür sorgen, dass der Baumstumpf nicht austrocknet. Das kann Ihnen sogar ein paar Bewässerungsrunden sparen.

Tipp 5: Keine Angst vor leichtem Schimmelbefall

Auch wenn Sie hier schon mehrfach gelesen haben, dass Sie Schimmel vorbeugen sollten: Ein leichter Schimmelbefall ist kein Problem. Es soll nur verhindert werden, dass der Schimmel vor dem geimpften Pilz die Überhand gewinnt. Leichte Schimmelbildung kann während des Prozesses durchaus vorkommen, schließlich bieten die Bedingungen für die Speisepilze auch reichlich Vorteile für Schimmelpilze. Auch Schimmel mag es feucht und warm. Finden Sie jedoch nur oberflächlichen Befall an Schnittkanten bzw. sogenannte Stockflecken (gelbe bis bräunliche Verfärbungen, ebenfalls aufgrund von Feuchtigkeit), ist dies häufig harmlos.

Solange das Schimmelmyzel den Baumstumpf nicht vollständig durchzieht und dem Speisepilz die Nahrung raubt, schadet er der Pilzzucht nicht. Wenn Ihr Pilz also bereits anwächst, müssen Sie den Baumstumpf nicht aufgeben, nur weil Sie leichte Flecken finden. Finden Sie hingegen stärkeren weißen Schimmelflaum, ist das kein gutes Zeichen. Beobachten Sie, ob sich Ihr Pilz trotzdem entwickelt, oder starten Sie ggf. neu.

Tipp 6: Ertrag-Tipp

Sie sind nicht sicher, mit wie viel Ertrag Sie rechnen dürfen? Dann merken Sie sich diese Daumenregel: Auf größeren Holzoberflächen gibt es mehr Nährstoffe, ergo mehr Ertrag. Bei einem Durchmesser von sechs bis zehn Zentimetern des Stammes dürfen Sie mit einem Jahr Ertrag rechnen – zumindest bei Hartholz. Bei Weichholz ist es in der Regel weniger.

Pilzzucht an ungewöhnlichen Orten

Pilze sind in der Regel sehr anspruchslos, was ihr Zuhause angeht: Sobald Sie einen feuchten und warmen Ort haben, sind die idealen Bedingungen schon erreicht. Sie haben bereits gelernt, dass Pilze sich auch bestens auf Substraten züchten lassen. Was den Ort angeht, können Sie kreativ werden: Wintergärten, Terrassen, Balkone, Keller, sogar Bäder und Küchen können sich unter Umständen für die Pilzzucht eignen. Daher lernen Sie hier noch einiges für die Praxis der Pilzzucht an ungewöhnlichen Orten.

Pilze auf Stroh züchten

Eine einfache Methode, Pilze zu ziehen – ohne dabei besondere Substrate zu mischen –, ist die Zucht auf einem Strohballen. Auch dies können Sie ganz leicht mit Pilzdübeln machen. Auch loses Stroh kann als Nährboden für Pilze genutzt werden – im Garten oder auch im Haus. Auch hier wachsen beispielsweise die anfängerfreundlichen Austernpilze bestens.

Sie benötigen:

- Frisches Stroh (Achtung: Heu eignet sich nicht!)
- Wasser sowie Wassertonne, Eimer oder Schubkarre
- Pflanzholz oder Besenstiel
- Abdeckplane oder Jutestoff
- Pilzdübel

Für einen durchschnittlich großen Strohballen reichen 25 Pilzdübel aus. Ein durchschnittlich großer Strohballen umfasst etwas mehr als 62 Liter oder die Maße 50 x 50 x 25 cm.

Schritt 1: Die Wahl des richtigen Strohs

Weizenstroh eignet sich am besten. Das liegt vor allem an seiner hohen Nährstoffdichte, aber auch an der Struktur. Nehmen Sie Stroh aus biologischer Landwirtschaft, da andernfalls Fungizide auf dem Stroh abgelagert sein können. Wenn Sie kein Weizenstroh erhalten, können Sie auch andere Getreidesorten verwenden. Gerste, Hafer und sogar einige Gräser eignen sich ebenfalls. In der Regel wird Weizenstroh jedoch am besten zu bekommen sein.Das Stroh sollte frisch sein. Das erkennen Sie daran, dass es eine goldgelbe Farbe hat, trocken ist und keine muffigen Gerüche aufweist. Ist das Stroh feucht, eignet es sich nicht mehr, da sich dann Schimmel ausbreiten kann.

Schritt 2: Den richtigen Standort wählen

Suchen Sie einen geeigneten Platz für Ihren Strohballen. Er sollte möglichst feucht, schattig und warm stehen. Sie können den Strohballen zum Beispiel im Garten oder in einem Gartenhaus abstellen. Wählen Sie im Garten am besten eine geschützte Ecke (etwa zwischen Sträuchern, Mauern und Gartenlaube). Der Strohballen sollte vor starker Zugluft geschützt werden.

Schritt 3: Das Stroh bewässern

Damit der Pilz sich wohl fühlt, muss das Stroh ausreichend feucht sein. Bewässern Sie das Stroh mit Hilfe einer Wassertonne, eines Eimers oder einer Schubkarre für 24 bis 48 Stunden. Kleine Strohballen können nach dem Bewässern noch bewegt werden, große Strohballen werden dafür jedoch zu schwer. Größere Strohballen sollten Sie daher am endgültigen Platz bewässern. Dies können Sie mit einem Eimer oder einer Gießkanne machen. Geben Sie dem Stroh zwischendurch Zeit, das Wasser aufzusaugen. Decken Sie es währenddessen mit einer Abdeckplane oder einem Jutestoff ab.

Schritt 4: Mit Pilzdübeln impfen

Drücken Sie mit einem Pflanzholz Löcher in den Strohballen. Die Löcher sollten bis zur Mitte des Strohs hineingehen. Alternativ können Sie dies auch mit einem Besenstiel vornehmen. Drücken Sie die Impfdübel in der Packung auseinander, sodass sie wieder einzelne Dübel sind. Pro Loch stecken Sie einen Pilzdübel ins Stroh. Verteilen Sie Löcher und Pilzdübel möglichst gleichmäßig rund um den Strohballen.

Schritt 5: Pilzmyzel wachsen lassen

Nun können Sie die Pilze wachsen lassen. Zunächst breitet sich das Pilzmyzel im Stroh aus. Dies werden Sie nicht sehen und Sie werden sich eine Weile gedulden müssen. Die Pilzzucht auf Stroh dauert jedoch nicht so lange wie die auf einem Baumstumpf. In der Regel müssen Sie einen bis drei Monate warten, bis das Myzel gut durchgewachsen ist. Beginnen Sie mit der Pilzzucht im Frühjahr, können Sie meistens im Herbst ernten. Beginnen Sie im Herbst, müssen die Pilze frostsicher überwintern und können dann im Frühjahr geerntet werden.

Schritt 6: Pilzmyzel pflegen

Pilzmyzelien brauchen auch auf Stroh wenig Pflege. Decken Sie das Stroh am besten mit einer Plane ab, um die Pilze vor Fressfeinden und Keimen zu schützen. Stecken Sie jedoch zuvor einige Löcher in die Plane, damit ausreichend Luft durchkommt. Überprüfen Sie regelmäßig die Feuchtigkeit und gießen Sie bei Bedarf nach. Dabei wird Ihnen auch auffallen, ob schon die ersten Fruchtkörper wachsen!

Schritt 7: Pilze ernten

Sind die ersten Fruchtkörper da, ist Erntezeit! Auch hier gilt: Die Größe ist für die Verzehrfähigkeit egal, allerdings sind die Fruchtkörper kurz vor der Sporenbildung am aromatischsten. Von einem Strohballen können Sie in der Regel drei- bis viermal ernten. Die Pilze wachsen in Erntewellen, mit kurzen Pausen von wenigen Wochen. Schneiden Sie auch hier die Pilze sorgsam ab und entfernen Sie alle Reste. Auf Stroh reicht oft auch eine leichte Drehbewegung mit der Hand, um den Pilz zu entfernen.

Urban Gardening: Pilze im Hochbeet anlegen

Wenn Sie nur wenig Platz haben, sollten Sie mit dem Gedanken spielen, ein Hochbeet anzulegen. Dies gelingt nicht nur im Garten, sondern selbst auf dem Balkon. Viele Menschen nutzen Hochbeete im städtischen Raum, um auf kleiner Fläche Gemüse zu ziehen. Ein gut angelegtes Hochbeet ist nicht nur platzsparend, sondern auch auf lange Sicht sehr pflegeleicht. Und: Sie können Hochbeete auch wunderbar für die Pilzzucht nutzen. Doch es kommt noch besser: Wenn Sie möchten, können Sie auf dem Hochbeet Pilze und Gemüse gemeinsam züchten.

Sinnvollerweise sollte das Hochbeet kurz vor Aussaat der Pflanzen bzw. vor Beimpfung mit Pilzen angelegt werden. Auf dem Hochbeet werden die Pilze ähnlich schnell wachsen wie auf Stroh. Daher empfiehlt es sich, das Hochbeet für Pilze im Frühjahr anzulegen, sobald die frostigen Zeiten vorüber sind. Das Hochbeet sollte mindestens sechs Wochen lang frostsicher sein, damit das Myzel gut wachsen kann. Möchten Sie es also später im Jahr anlegen, dann denken Sie an dieses Zeitfenster. September ist normalerweise der letzte gute Anlegetermin.

Das Hochbeet und anderes Equipment

Ein Hochbeet anzulegen ist mittlerweile sehr unkompliziert. Sie haben die Wahl, entweder ein Hochbeet zu kaufen (das Sie meistens nur noch selbst aufbauen müssen) oder eines aus Holz anzufertigen. Dafür gibt es zahlreiche Anleitungen in Büchern und auf Websites. Die gekauften Hochbeete funktionieren jedoch genauso gut. Die eigenhändige Variante ist dann ein Vorteil, wenn Sie das passende Holz günstiger erwerben können, handwerklich geschickt sind und mögen oder wenn Sie spezielle Maße benötigen. Ihr eigenständig gefertigtes Hochbeet können Sie schließlich in genau den Maßen und Formen bauen, die sich für Ihren Balkon oder andere Flächen eignen. Im Handel können Sie zwischen Hochbeeten auf Stelzen und Hochbeeten, die auf der Erde stehen, wählen. Hochbeete, die auf der Erde stehen, haben den Vorteil, dass sie tiefer befüllt werden können und dadurch eine größere Nährstoffmenge liefern. Außerdem trocknet das Hochbeet auf der Erde nicht so schnell aus. Diese Hochbeete sind daher meist etwas pflegeleichter.

Für die Pilzzucht auf Hochbeeten (alleine oder gemeinsam mit Gemüse) benötigen Sie außerdem:

- Substrat wie Laubholzhäcksel, Stroh, Kaffeesatz oder Mischungen
- Pilzkulturen – ideal sind Austernpilze
- Eine Schere oder ein Messer
- Kies, Tonscherben oder Lavagestein als Drainage
- Ggf. Hochbeeterde (am besten torffreie)
- Optional: Nadelholzhäcksel als Sperrschicht und automatische Tröpfchenbewässerung
- Gießkanne
- Ggf. Gemüsesaat

Schritt 1: Hochbeet mit Folie auskleiden

Nachdem das Hochbeet aufgebaut ist, sollten Sie es mit Folie auslegen. Das schützt das Hochbeet vor holzfressenden Organismen. Denken Sie daran: Pilze sind solche Organismen. Das Hochbeet zu schützen, ist also gerade bei einem Pilzbeet eine gute Idee. Die Zucht funktioniert auch ohne Folie besser, allerdings werden Sie wahrscheinlich länger etwas von Ihrem Hochbeet haben, wenn Sie die Folie nutzen. Einen Nachteil hat das Ganze jedoch: Die Folie verhindert das Abfließen von überschüssigem Wasser.

Schritt 2: Eine Drainage anlegen

Damit das Substrat nicht zu feucht wird, sollten Sie ganz unten auf der Folie eine Drainageschicht anlegen. Diese Schicht verhindert die Berührung des überstehenden Wassers mit dem Substrat. Dafür eignen sich Kieselsteine, Lavagestein oder Tonscherben. Lavagestein ist nicht immer ganz leicht zu finden, hat aber den Vorteil, kleine Mengen Wasser aufnehmen zu können. Die Schicht sollte etwa zwei bis drei Zentimeter dick sein.

Schritt 3: Die Sperrschicht aus Nadelgehölz (optional)

Die wenigsten Pilze mögen Nadelholz. Daher lässt sich daraus eine Sperrschicht bilden, um den Pilzen den Weg zu blockieren. Warum Sie dies tun sollten? Pilze haben manchmal ihren eigenen Kopf. Wenn sich der Weg nach unten als kürzer herausstellt, wachsen sie möglicherweise nicht so schön nach oben heraus, wie Sie es sich erhoffen. Das Ernten der Fruchtkörper wird dann schwieriger. Deshalb bevorzugen manche Züchter eine Sperrschicht unter dem Substrat, sodass die Pilze gar nicht erst versuchen wollen, das Wachstum in andere Richtungen als nach oben zu richten. Allerdings ist dies vor allem dann hilfreich, wenn Sie Ihr Hochbeet nicht mit Folie auslegen. Denn dann hat der Pilz auch die Möglichkeit, unten aus dem Kasten herauszuwachsen. Ist dies nicht der Fall, wird der Pilz sehr wahrscheinlich sowieso den Weg nach oben wählen. Entscheiden Sie sich für die Sperrschicht, reicht eine dünne Schicht aus Nadelholzhäckseln bereits aus (2 Zentimeter).

Schritt 4: Substrat schichten

Im nächsten Schritt wird Substrat für den Speisepilz geschichtet. Diese Schicht sollte mindestens zwei bis vier Zentimeter dick sein. Nehmen Sie dafür am besten Laubholzhäcksel oder eine Mischung aus Häckseln und Stroh oder Häckseln und Kaffeesatz. Mischsubstrate geben dem Pilz ausreichend schnelle Energie für den Start (Stroh oder Kaffee) und langfristig Nährstoffe für das weitere Wachsen (Laubholz). Anschließend bewässern Sie die Substratschicht gut, damit der Pilz einen feuchten Untergrund findet.

Schritt 5: Pilzbrut einsetzen

Nun benötigen Sie die Pilzbrut: Nutzen Sie etwa einen bis zwei Liter vorbereitete Pilzbrut mit Kaffeesatz, um das Pilzbeet ausreichend zu beimpfen. Die genaue Menge hängt von der Größe Ihres Hochbeetes ab. Für ein durchschnittliches Hochbeet mit den Maßen 100 x 50 x 80 (L x H x B) ist ein Liter Pilzbrut ausreichend. Ein solches Beet umfasst um die 140 Liter Gartenerde. Pilzbrut darf ruhig großzügig verwendet werden. Je mehr vorhanden ist, desto schneller wächst das Myzel und damit auch die Fruchtkörper. Beachten Sie allerdings, dass der Pilz sich auch von ausreichend Substrat ernähren muss. Wenn Sie also mehrere Ernten aus Ihrer Brut erhalten möchten, sollten Sie es mit der Masse nicht übertreiben.

Schritt 6: Mehr Pilznahrung

Haben Sie die Pilzbrut auf dem Substrat verteilt, geben Sie darüber eine zweite Substratschicht. Auch diese sollte zwischen zwei und vier Zentimeter dick sein. Haben Sie Pilzbrut übrig, können Sie diese ebenfalls oben hinzufügen. Falls nicht, ist das kein Problem – dies ist optional. Wässern Sie die zweite Substratschicht ebenfalls, damit der Pilz es feucht hat.

Schritt 7: Gemüse ziehen – Erde aufschichten

Wenn Sie das Hochbeet für Pilze und Gemüse gemeinsam nutzen wollen, füllen Sie auf die Substratschicht eine Schicht torffreie Hochbeeterde. Füllen Sie diese Schicht ruhig bis zum Rand des Kastens hoch. Die Erdschicht sollte mindestens zehn Zentimeter betragen – je nach Gemüseart gerne deutlich mehr. Torffreie Erde beinhaltet meistens kompostierbare, jedoch noch nicht ganz zersetzte Inhaltsstoffe aus Holz. Das sorgt für eine luftigere Struktur und bietet sowohl Gemüse als auch Pilzen mehr Raum zum Wachsen. Die Erde dient dem Pilz sogar als zusätzliche Nahrungsquelle.

Schritt 8: Gemüse ziehen – Saaten oder Stecklinge setzen

Letztlich müssen Sie nur noch Gemüse aussäen oder setzen. Geben Sie dem Pilzmyzel jedoch zwei bis drei Wochen Vorsprung. So hat das Myzel ausreichend Zeit, in das Substrat einzuwachsen. Pflanzen und Pilze werden sich danach nicht stören – ganz im Gegenteil, auch viele Gemüsesorten gehen Symbiosen mit Pilzen ein und freuen sich über die Gesellschaft.

Schritt 9: Pflege und Geduld

Anschließend müssen Sie sich nur noch um die Pflege des Beetes kümmern und mit Geduld auf Ergebnisse warten. Achten Sie vor allem darauf, regelmäßig zu gießen, um Gemüse und Pilze feucht zu halten.

Speisepilze züchten & Körnerbrut herstellen

Haben Sie vor, Speisepilze mit Hilfe von Körnerbrut herzustellen? Dann kann es hilfreich sein, wenn Sie wissen, wie Sie diese selbst herstellen. Körnerbrut ist im Fachhandel für Pilzzucht erhältlich, lässt sich aber auch mit wenig Aufwand selbst machen. Alles, was Sie benötigen, ist:

- 1 kg Getreidekörner (vorzugsweise Bio-Weizen)
- 1 l Wasser
- Ggf. 1 TL Gips

Zubereitung:

1. Bringen Sie das Wasser in einem großen Topf zum Kochen. Geben Sie die Getreidekörner hinzu und lassen Sie alles einmal aufkochen.

2. Einige empfehlen die Zugabe kleiner Mengen Gips, um den pH-Wert und die Klebeeigenschaften der Körnerbrut zu verbessern. Wie Sie bereits im Abschnitt zu Supplements gelesen haben, kann Gips jedoch auch einige negative Eigenschaften mit sich bringen und ist bei der Pilzzucht nicht unbedingt empfehlenswert. Falls Sie sich dennoch dafür entscheiden, reicht schon ein Teelöffel für einen Liter Wasser und ein Kilogramm Körner.

3. Schalten Sie die Temperaturen nach dem Aufkochen auf mittlere Hitze runter und lassen Sie die Mischung für weitere 15 Minuten köcheln. Rühren Sie dabei regelmäßig um, damit nichts anbrennt.

4. Nach 15 Minuten sollten die Körner das Wasser vollständig aufgesogen haben.

5. Im Anschluss können Sie die Körnerbrut sterilisieren. Dafür lassen Sie die Körnermasse in einem Glasbehälter zunächst 60 bis 90 Minuten im Schnellkochtopf sterilisieren.

6. Ist dies geschehen, müssen Sie die Körnermasse vor dem Beimpfen noch abkühlen lassen. Nach dem Abkühlen geht es ans Beimpfen.

Das Beimpfen:
Dafür benötigen Sie:

- Gläser für die Körnerbrut (beispielsweise Marmeladengläser)
- Flüssigmyzel
- Bohrer
- Luftfilter (beispielsweise Microporenklebeband)

1. Füllen Sie die Körnermasse nach dem Abkühlen in passende Gläser – beispielsweise Marmeladengläser, doch lassen Sie ausreichend Platz für den Pilz. Ein Glas, das etwa 400 g fasst, sollte mit maximal 200 bis 240 g Körnern gefüllt werden.

2. Bohren Sie ein Loch in den Deckel und kleben Sie einen Luftfilter darüber, damit saubere Luft eindringen kann. Am besten eignet sich dafür ein Microporenklebeband. Alternativ funktioniert auch Watte oder ein luftdurchlässiges Pflaster.

3. Wenn Sie möchten, können Sie die Körnerbrut von Anfang an in diese so präparierten Gläser füllen und im Schnellkochtopf sterilisieren lassen.

4. So werden die Gläser direkt mit sterilisiert. Beimpfen Sie die Körner anschließend mit Flüssigmyzel und schrauben Sie die Gläser zu. Dann benötigt es nur noch ein wenig Geduld, bis das Myzel Fahrt aufnimmt.

Grain-to-Grain
Eine andere Methode des Beimpfens ist die sogenannte Grain-to-Grain (zu Deutsch: Korn-zu-Korn-Methode). Dabei wird nicht-steril gearbeitet. Hier mischen Sie einfach bereits beimpfte Körnerbrut zu Ihrer frisch hergestellten Körnerbrut und füllen Gläser ab.

Pilzzucht im Haus

Letztlich haben Sie auch die Möglichkeit, Pilze vollständig im Haus und sogar in ungewöhnlichen Gefäßen zu züchten. Dafür benötigen Sie jedoch das richtige Equipment. Wie das aussieht und wie Sie erfolgreich Pilze im Glas, aus Dübeln oder sogar in der Petrischale ziehen, lernen Sie hier.

Equipment: Was man benötigt

Generell lässt sich sagen, dass die Pilzzucht immer aufwändiger wird, je weiter Sie sich von dem natürlichen Umfeld entfernen. Während die Zucht auf Baumstämmen die einfachste und pflegeleichteste Variante ist, wird es im Haus schon kniffliger.

Hierbei müssen Sie dafür sorgen, dass die natürliche Umgebung des Pilzes imitiert wird. Das bedeutet, Sie müssen Luftfeuchtigkeit und Temperatur regulieren. Doch Achtung: Pilze mögen keine Heizungsluft.

Über das Züchten von Pilzen auf Substrat, was auch im Keller funktioniert, haben Sie schon einiges gelesen. Hier werden Ihnen jedoch noch ein paar ungewöhnlichere Möglichkeiten vorgestellt. Allgemein benötigen Sie für die Pilzzucht im Haus Folgendes an Equipment:

- Ein feuchter, eher dunkler Raum
- Ein Fruchtungszelt oder Mini-Gewächshaus
- Ideal: Ein Hygrometer und Thermometer
- Eine saubere Sprühflasche oder ein Luftbefeuchter
- Schüsseln, Einmachgläser oder ähnliche Behälter
- Löffel und Kellen aus Edelstahl (kein Holz oder Plastik)
- Desinfektionsmittel für Hände und Flächen
- Ggf. Einmalhandschuhe

Die nächsten drei Methoden, die Ihnen in diesem Zusammenhang gezeigt werden, sind die Pilzzucht aus Dübeln, die Pilzzucht im Glas und die Pilzzucht in der Petrischale.

Pilzbrut aus Dübeln

Eine Pilzbrut aus Pilzdübeln herzustellen, ist im Grunde kein Hexenwerk. Sie benötigen

- 3 EL frischen Kaffeesatz,
- ein paar Pilzdübel,
- ein Einmachglas und
- etwas Watte.

Sorgen Sie dafür, dass Sie eine sterile Arbeitsfläche haben und möglichst ein desinfiziertes, sauberes Glas verwenden. Andernfalls besteht die Gefahr, dass die Pilze kontaminiert werden.

1. Schichten Sie nun einen Esslöffel Kaffeesatz unten in das Glas und drücken Sie ihn leicht an.
2. Darüber legen Sie ein paar Pilzdübel und drücken auch diese leicht an – sie sollen jedoch noch sichtbar bleiben und nicht im Kaffeesatz versinken.
3. Schichten Sie darüber den restlichen Kaffee und anschließend die restlichen Dübel.
4. Bohren Sie Luftlöcher in den Deckel des Glases und stopfen Sie die Löcher mit Watte aus. Diese dienen als Luftfilter.
5. Verschließen Sie das Glas – jedoch ohne Gummiring. Sie wollen nicht zu luftdicht abschließen, da die Pilze Frischluft mögen.
6. Nun dauert es je nach Pilzart vier bis zehn Tage, bis das Myzel den Kaffeesatz durchwachsen hat. Ist dies geschehen, füttern Sie das Myzel nach. Geben Sie die gleiche Menge Kaffee hinzu, die bereits im Glas vorhanden war, und lassen Sie den Pilz weiterwachsen. Wiederholen Sie diesen Vorgang, bis das Myzel das ganze Glas füllt.
7. Ist das Glas voll, brechen Sie das Myzel auf, indem Sie das Glas heftig schütteln. Das sieht grob aus, macht dem Pilz aber überhaupt nichts.

Nun können Sie mit der Pilzbrut Strohballen, Hochbeete oder Baumstümpfe impfen. Alternativ können Sie die Pilze auch im Glas weiter wachsen assen. Dies ist jedoch eher etwas für Fortgeschrittene.

Advanced: Pilze im Glas ziehen

Sie haben bereits erste Zuchterfahrungen gesammelt und suchen eine neue Herausforderung? Dann stellen Sie zunächst Ihre eigene Pilzbrut her und lassen Sie die Pilze anschließend im Glas weiter wachsen. So geht es:

1. Nehmen Sie den Deckel ab und legen Sie das Glas an einen dunklen und feuchten Ort im Haus, an dem es länger liegen kann, ohne vergessen zu werden. Legen Sie es seitlich ab, mit der Öffnung nach vorne.

2. Besprühen Sie die Pilzbrut mit Leitungswasser, um sie feucht zu halten. Es sollte sich jedoch kein Wasser am Boden des Glases sammeln.

3. Schauen Sie täglich nach Ihren Pilzen und sprühen Sie ggf. Leitungswasser nach.

4. Je nach Pilzart kann es bis zu 14 Tage dauern, bis sich die ersten Fruchtkörper bilden.

Aufgrund der kleinen Fläche liefert die Zucht im Glas zwar keine große Menge an Erträgen, dafür jedoch recht schnelle. Sie stellt außerdem eine spannende neue Herausforderung dar.

Zucht in der Petrischale – der Nährboden aus Agar-Agar

Wenn Sie noch mehr Erfahrungen gesammelt haben und eine noch größere Herausforderung suchen, versuchen Sie sich an der Petrischalenzucht. Hier geht es vor allem um den Nährboden. Für die Zucht auf Petrischalen hat sich vor allem die Zucht auf halbfesten, sterilen Agar-Nährböden bewährt.

Agar-Agar ist ein Polysaccharid, das aus Meeresalgen gewonnen wird. Es ist also rein pflanzlich und in der Küche auch als pflanzliches Geliermittel bekannt.

Für die Zucht auf der Petrischale benötigen Sie Folgendes:

- 2 1-Liter-Flaschen aus Glas mit Deckel (zum Beispiel Milchflaschen), sauber und desinfiziert
- 1 Liter destilliertes Wasser
- 25 g Agar-Agar
- 20 g Malzextrakt in Pulverform
- Optional: 2 g Hefeextrakt
- Schnellkochtopf
- Alufolie
- HEPA-Filter
- 40 PS-Petrischalen, steril gehalten
- Parafilm
- Sterilium- bzw. Antifect-Desinfektionsmittel
- Einweghandschuhe, Haarnetz und Mundschutz

1. Geben Sie zunächst Wasser, Agar-Agar, Malzextrakt und ggf. Hefeextrakt in einen einfachen Kochtopf und erhitzen Sie alles. Rühren Sie die Masse gelegentlich um, bis sich alles im Wasser aufgelöst hat.

2. Teilen Sie die Mischung danach auf beide Flaschen auf. Die Flaschen sollten maximal zur Hälfte gefüllt sein, da Malzextrakt für starkes Aufschäumen sorgen kann, wenn es erhitzt wird.

3. Schneiden Sie ein Stück Alufolie zurecht, das großzügig die Flaschenöffnung bedecken kann, und decken Sie die Öffnung gut zu. Wiederholen Sie dies bei der zweiten Flasche. Drehen Sie den Deckel der Flasche leicht zu, aber so, dass noch ein Druckausgleich stattfinden kann, wenn die Flaschen in den Kochtopf kommen. Es darf also nicht fest zugezogen werden. Vielmehr sollen die Deckel leicht aufsitzen (aber auch nicht herunterfallen). Legen Sie ein zweites Stück Alufolie über den Deckel jeder Flasche. Seien Sie dabei vorsichtig und vermeiden Sie Risse in der Nähe des Deckels.

4. Nun werden die Flaschen im Schnellkochtopf sterilisiert. Die Flaschen sollten dabei etwa drei bis fünf Zentimeter tief im Wasser stehen. Die Siebeinlage des Topfes sollte unbedingt genutzt werden. Stehen die Flaschen direkt auf dem Boden, kann das Glas zerspringen. Außerdem können die dort sehr hohen Temperaturen den Malzextrakt vernichten und er verklumpt. Die Sterilisationszeit beträgt ab Erreichen der Betriebstemperatur etwa 20 Minuten. Anschließend lassen Sie alles im Topf abkühlen, ohne den Topf zu öffnen. Bereiten Sie in der Zwischenzeit den HEPA-Filter vor. Der HEPA-Filter ist ein Schwebstofffilter mit besonders hoher Leistungskraft – er filtert 99,9 % aller Staubpartikel aus der Luft und ist ideal für das sterile Arbeiten mit Pilzen.

5. Reinigen Sie zunächst die Arbeitsfläche gründlich mit dem Flächendesinfektionsmittel. Stellen Sie die Petrischalen bereit. Starten Sie den HEPA-Filter mindestens 15 Minuten vor Arbeitsbeginn. Lassen Sie die Flaschen mit Nährmittel vor dem laufenden Filter ab und lassen Sie sie dort weiter abkühlen. So reduzieren Sie das Kontaminationsrisiko erheblich. Hat die Lösung in den Flaschen etwa 50 Grad erreicht, können Sie die Petrischalen befüllen.

6. Tragen Sie spätestens jetzt Haarnetz, Einweghandschuhe und Mundschutz. Damit schützen Sie einerseits die Pilze vor Keimen und andererseits sich selbst davor, die Lösung einzuatmen. Sprühen Sie die Verpackungen der Petrischalen mit Desinfektionsmittel ein. Das Gleiche gilt für die Flaschen und die Alufolie auf den Deckeln. Entfernen Sie zunächst die Alufolie, dann den Deckel.

7. Schneiden Sie die Verpackung der Petrischalen auf und nehmen Sie einen Stapel Schalen heraus. Reinigen Sie zur Sicherheit noch einmal Ihre Hände. Denken Sie daran: Sie arbeiten jetzt unter Labormethoden, also muss alles besonders steril sein. Falls Ihnen das gründliche Desinfizieren also zu viel vorkommt, denken Sie daran, wie rein und steril im Labor gearbeitet werden muss.

8. Gießen Sie nun die Lösung aus den Flaschen in die Petrischalen. Am einfachsten machen Sie dies mit gestapelten Schalen: Nehmen Sie alle Schalen und das Oberteil der untersten Schale ab und gießen Sie die Lösung in die unterste Schale. Legen Sie den restlichen Stapel wieder darauf. Greifen Sie nun erneut den Stapel, dieses Mal jedoch bis zum unteren Teil der zweituntersten Schale. Nun befüllen Sie die zweite Schale. So gehen Sie vor, bis alle Schalen gefüllt sind. Diese Methode sorgt dafür, dass die Schalen ruhig stehen, ausreichend Zeit zum Aushärten haben und sich wenig Kondenswasser bildet.

9. Sind alle Petrischalen befüllt, wird der Nährboden 20 Minuten ausgehärtet. Auch dies geschieht am besten vor dem laufenden HEPA-Filter. Schließen Sie danach alle Schalen mit Parafilm. Fertig – Sie haben nun Ihren eigenen Nährboden für Pilze erschaffen!

Für Fortgeschrittene: Gewinnung von Sporenabdrücken

Zur Erinnerung: Sporen sind so etwas wie die Samen der Pilze. Mit ihnen vermehren und verbreiten sich Pilze.

Sporen sind mikroskopisch klein und anders als die Samen von den meisten anderen Pflanzen für das menschliche Auge nicht sichtbar. Sie werden in der Regel auf der Unterseite des Pilzhutes gebildet und fallen ab, sobald sie reif sind. Wenn Sie einen Pilzhut auf einen Untergrund, einen sogenannten Träger, legen, können Sie die Sporen theoretisch rechtzeitig abfangen. Dabei entsteht ein Muster, was sich Sporenabdruck nennt. Werden Sporen von diesem Abdruck auf einen geeigneten Nährboden übertragen, können sie zur Pilzzucht verwendet werden. Hier erfahren Sie, wie das geht. Vorab: Dieses Verfahren ist eher für fortgeschrittene Pilzzüchter geeignet, da es etwas mehr Geschick erfordert als viele andere Zuchtmethoden. Sie benötigen das folgende Zubehör:

- Ein Stück Alufolie oder Papier, das groß genug für den Pilzhut ist
- Desinfektionsmittel für Hände und Flächen
- Latexhandschuhe
- Ggf. Mundschutz und Haarnetz
- Skalpell
- Tupperdose oder Ähnliches zum Abdecken
- Zip-Lock-Bags
- Einen sterilen Arbeitsplatz

Damit die Sporen nicht schon beim Abdrucknehmen mit schädlichen Keimen oder Schimmelpilzen in Berührung kommen, ist steriles Arbeiten wichtig. Deshalb finden Sie in der Zubehörliste auch mehrere Gegenstände, die diesen Zweck erfüllen sollen. Schließlich möchten Sie sicherstellen, dass Ihre zukünftigen Pilze gut wachsen können und nicht von vornherein kontaminiert sind. Reinigen und desinfizieren Sie also die Arbeitsfläche und Ihre Hände gut. Setzen Sie am besten auch einen Mundschutz und ein Haarnetz auf. Auch das Tragen von Latexhandschuhen gewährleistet ein möglichst steriles Arbeiten. Der Mundschutz verhindert außerdem auch das Einatmen von Pilzsporen. Dies ist zwar in der Regel nicht gefährlich, kann jedoch unangenehmen Hustenreiz auslösen.

1. Sprühen Sie den Träger – Alufolie oder Papier – gut mit Desinfektionsmittel ein und lassen Sie ihn trocknen.

2. Ernten Sie die Fruchtkörper, die Sie verwenden möchten, möglichst frisch. So stellen Sie sicher, dass noch nicht viele Sporen abgefallen sind. Trennen Sie den Stiel direkt am Hutansatz ab. Dafür nutzen Sie das Skalpell. Arbeiten Sie dabei ruhig und präzise und achten Sie darauf, sich nicht zu verletzen. Achten Sie auch darauf, die Lamellen mit Poren nicht zu verletzen.

3. Legen Sie den Pilzhut mit den Lamellen nach unten auf den Träger. Reinigen Sie eine Tupperdose oder ein anderes Aufbewahrungsgefäß und desinfizieren Sie es.

4. Decken Sie den Pilzhut mit dieser Dose ab und lassen Sie ihn 12 bis 24 Stunden liegen. So lange benötigen die Sporen, um abzufallen. Die Pilzsporen kleben selbstständig am Trägermaterial. Sie müssen sich also um nichts weiter kümmern.

5. Sobald die Zeit rum ist, entfernen Sie vorsichtig die Pilzhüte vom Träger. Versuchen Sie dabei möglichst, Berührungen mit dem Träger zu meiden, um eine Kontaminierung des Abdruckes zu vermeiden. Lassen Sie eventuell vorhandene Restfeuchtigkeit verdunsten.

6. Anschließend verpacken Sie die Sporenabdrücke luftdicht in Zip-Lock-Beuteln oder Druckverschlussbeuteln. Diese Abdrücke bleiben für etwa ein Jahr keimfähig, sofern Sie dunkel und sauber gelagert werden.

Tipp: Wenn Sie Pilze aus dem Wald klonen möchten, können Sie dies unter ähnlichen Bedingungen machen. Anstatt des Sporenabdruckes nutzen Sie jedoch einen Teil des Pilzkörpers. Dazu schneiden Sie mit einem Skalpell einen kleinen Faden des Pilzhutes ab. Der Stiel eignet sich auch, allerdings ist das Myzel im Pilzhut meistens stärker. Diesen Pilzteil können Sie ähnlich wie die Sporen lagern und verarbeiten. Allerdings eignet sich für die Pilzklonung die Züchtung in der Petrischale am besten. Außerdem sind Sporen wesentlich ertragreicher. Pilzklone haben eine höhere Ausfallquote (seien Sie nicht enttäuscht, wenn 25 bis 50 % Ihrer Klone nicht ankommen), sind jedoch für Fortgeschrittene ein spannendes Experiment. Auf diese Art ziehen Sie auch Pilze, die Sie im Wald gefunden haben (sowohl mit Sporenabdruck als auch durch Klonen).

Bonus: Schmackhafte & nährende Pilzrezepte

Nachdem Sie erfolgreich die ersten Pilze gezüchtet haben, möchten Sie sicherlich auch mit Ihnen kochen. Schließlich haben Sie die meisten Pilze genau zu diesem Zweck angebaut! Wenn Sie Pilze lieben, haben Sie ganz bestimmt auch schon ein paar Ideen im Kopf, wie Sie Ihre Speisepilze besonders schmackhaft zubereiten können. Falls Sie jedoch noch auf der Suche nach etwas Abwechslung sind, finden Sie hier 10 schmackhafte Pilzrezepte – selbstverständlich mit Pilzen, die Sie bei sich zu Hause anbauen können!

5 kreative Rezepte mit Austernpilzen

Austernpilze sind wahrscheinlich die ersten Pilze, die Sie anbauen werden. Daher finden Sie hier fünf kreative Rezepte für diese schmackhaften Pilze.

AUSTERNPILZ-BURGER

Für 2 Personen

Zutaten:
150 g frische Austernpilze
2 Bürger-Brötchen oder andere Brötchen nach Geschmack (besonders gut passen rustikale Brötchen)
2 Scheiben Käse
Guacamole (hausgemacht oder gekauft)
1 bis 2 mittelgroße Tomaten
1 kleine Zwiebel (rot oder weiß)
Ein paar Blätter eines Salates nach Wahl (beispielsweise Feld-, Kopfsalat, Rucola etc.)
Etwas Kresse
1 EL Öl
Etwas Salz, Pfeffer oder Lieblingsgewürze

Zubereitung:

Schritt 1: Öl in einer Pfanne erhitzen. Austernpilze putzen und in der Pfanne leicht anschmoren. Nach Belieben mit Lieblingsgewürzen würzen oder einfach leicht salzen. Vom Herd nehmen und beiseitestellen.

Schritt 2: Tomaten waschen und in Scheiben schneiden. Zwiebel in Scheiben schneiden. Salatblätter waschen.

Schritt 3: Brötchen leicht antoasten (zum Beispiel im Ofen). Aufschneiden und auf zwei Teller legen.

Schritt 4: Untere Burgerhälfte mit Guacamole bestreichen. Austernpilze, Tomaten, Zwiebeln, Salat und eine Handvoll Kresse darüberschichten. Nach Belieben mit Salz und Pfeffer nachwürzen. Käse auflegen und obere Burgerhälfte zuklappen.

Schritt 5: Nach Geschmack Burger noch einmal leicht anwärmen oder toasten, um den Käse anzuschmelzen.

Tipp 1: Wenn Sie dieses Gericht vegan machen möchten, nehmen Sie einfach veganen Käse oder lassen Sie den Käse ganz weg.
Tipp 2: Erweitern Sie den Burger gerne mit weiteren Toppings Ihrer Wahl. Gut passen zum Beispiel weitere Soßen oder Gemüsestreifen.

REISSALAT MIT AUSTERNPILZEN UND PUTENBRUST

Für 4 Personen

Zutaten:

175 g gemischter Reis (besonders gut schmecken Langkornreis und Wildkornreis)
1 Liter Hühnerbrühe
120 g frische Austernpilze
250 g Putenbrustfilet
250 g Zuckererbsen
50 g Pistazienkerne
1 EL Bratöl
1 EL Olivenöl
Frischer Koriander
Chinesischer Schnittlauch oder einfacher Schnittlauch
1 EL Balsamicoessig
Salz und Pfeffer zum Abschmecken

Zubereitung

Schritt 1: 4 Esslöffel Hühnerbrühe beiseitestellen, den Rest zum Kochen bringen. Wenn die Brühe kocht, Reis zur Brühe geben und auf niedriger Stufe 20 bis 30 Minuten garen.

Schritt 2 und 3: Während der Reis gart, Bratöl in einem Wok oder einer großen Pfanne erhitzen. Putenbrustfilet in Streifen schneiden und im heißen Öl 4 bis 5 Minuten braten. Wenn das Fleisch gar ist, aus der Pfanne nehmen und beiseitestellen.

Schritt 4: Zuckererbsen und Pilze in die Pfanne geben und ebenfalls kurz anbraten. Die 4 EL Hühnerbrühe zugeben und aufkochen.

Schritt 5: Hitze herunterdrehen, Deckel auf die Pfanne geben und für 4 bis 5 Minuten garen.

Schritt 6: Gemüse aus der Pfanne nehmen und mit der Putenbrust in einer großen Schale mischen. Fertigen Reis ebenfalls zugeben.

Schritt 7: Kräuter fein hacken und gemeinsam mit Pistazien, Essig und Olivenöl zu der Reismischung geben. Alles gut vermengen und ggf. mit Salz und Pfeffer abschmecken.

Tipp: Um den Salat vegetarisch zu machen, ersetzen Sie einfach die Putenbrust durch Tofu.

AUSTERNPILZE-CURRY MIT GEMÜSE

Für 4 bis 5 Personen

Zutaten:
300 g frische Austernpilze
200 g Sojasprossen
200 g Möhren
200 g Brokkoli
1 Stange Lauch
200 g Kartoffeln
1 Knoblauchzehe
1 bis 2 EL Sojasoße
250 g Kokosmilch
1 bis 2 EL rote Currypaste
Kreuzkümmel, Kardamom, gemahlener Koriander nach Geschmack
2 EL Öl oder Kokosfett
Frischer Koriander nach Geschmack

Zubereitung:
Schritt 1: Möhren und Brokkoli waschen und in mundgerechte Stücke schneiden. Kartoffeln schälen und ebenfalls klein schneiden.

Schritt 2: Lauch in feine Ringe schneiden. Austernpilze putzen und in mundgerechte Stücke schneiden.

Schritt 3: Öl oder Kokosfett in einer tiefen Pfanne oder einem Wok erhitzen. Knoblauchzehe pressen und in die Pfanne geben. Kurz andünsten. Karotten, Kartoffeln und Brokkoli dazugeben und kurz scharf anbraten.

Schritt 4: Pilze hinzugeben und kurz weiterbraten lassen. Lauch hinzugeben und kurz durchschwenken.

Schritt 5: Gemüse mit Sojasoße ablöschen. Kokosmilch aufgießen und Hitze herunterschalten. Currypaste und Gewürze hinzufügen und gut durchrühren. Weiter köcheln lassen, bis das Gemüse gar ist.

Schritt 6: Curry auf tiefe Teller oder in Schalen anrichten. Frischen Koriander fein hacken. Curry mit Koriander und Sojasprossen garnieren.

Tipp 1: Zu Currygerichten passt am besten Reis.
Tipp 2: Dieses Curry lässt sich auch mit vielen anderen Pilzen herstellen.

GEBRATENE AUSTERNPILZE MIT FETA

Für 4 Personen

Zutaten:

750 g frische Austernpilze

2 Bund Frühlingszwiebeln

1 bis 2 Zehen Knoblauch

40 g Fetakäse

3 EL Olivenöl

5 Zweige frischer Rosmarin

Salz und Pfeffer zum Abschmecken

Zubereitung:

Schritt 1: Knoblauch fein hacken oder mit Knoblauchpresse pressen. Frühlingszwiebeln waschen und in feine Ringe schneiden.

Schritt 2: Austernpilze putzen und in Streifen schneiden.

Schritt 3: Olivenöl in einer Pfanne erhitzen (auf mittlerer bis hoher Stufe – nicht die höchste Stufe nehmen). Austernpilze, Frühlingszwiebeln und Knoblauch in die Pfanne geben und Hitze herunterschalten. Bei mittlerer Hitze 4 bis 5 Minuten andünsten.

Schritt 4: Rosmarin vom Stiel streifen, grob hacken und in die Pfanne geben. Kurz mit andünsten.

Schritt 5: Pilze mit Salz und Pfeffer abschmecken. Auf Tellern servieren.

Schritt 6: Fetakäse zerbröseln und über die Pilze streuen.

5 kreative Rezepte mit Shiitakes

Da auch Shiitakes zu den beliebtesten Pilzen gehören – sowohl in der Küche als auch in der Heimzucht –, erhalten Sie hier fünf schmackhafte Rezepte mit diesem Edelzuchtpilz.

SHIITAKE-SPÄTZLE NACH TIROLER ART

Für 2 bis 3 Portionen

Zutaten:

300 g frische Shiitakes
2 bis 3 Portionen frische Spätzle – hausgemacht oder gekauft
100 g Tiroler Räucherspeck
200 g Schlagsahne
30 g getrocknete Tomaten
2 Frühlingszwiebeln
2 Zweige Rosmarin
150 bis 200 ml Gemüsebrühe
2 EL Öl
Salz und Pfeffer nach Geschmack

Zubereitung:

Schritt 1: Die Spätzle nach Packungsanweisung oder Rezept zubereiten. In der Regel benötigen sie nur wenige Minuten Kochzeit. Spätzle abgießen und zur Seite stellen.

Schritt 2: Frühlingszwiebeln in feine Ringe schneiden. Getrocknete Tomaten klein schneiden. Shiitakes putzen. Öl in einer Pfanne erhitzen.

Schritt 3: Frühlingszwiebeln und Tomaten zusammen mit Speck und Shiitakes anbraten. Rosmarin dazugeben und auf mittlerer Hitze kurz weiterbraten lassen.

Schritt 4: Mit Schlagsahne und Brühe ablöschen. Spätzle hinzugeben und einmal gut durchrühren.

Schritt 5: Mit Salz und Pfeffer abschmecken und bei schwacher Hitze noch wenige Minuten durchziehen lassen.

Tipp 1: Sie können dieses Rezept auch leicht vegetarisch zubereiten: Nutzen Sie dafür einfach Räuchertofu statt Speck und würfeln Sie ihn klein. Möchten Sie das Gericht sogar vegan zubereiten, ersetzen Sie außerdem die Schlagsahne durch vegane Kochcreme (beispielsweise aus Hafer oder Soja).

Tipp 2: Ihre Shiitakes wachsen nicht wie erhofft? Kein Problem – für dieses Rezept können Sie auch getrocknete Shiitakes aus dem Supermarkt nutzen. Sie benötigen in dem Fall 30 g. Denken Sie daran, die getrockneten Shiitakes vor dem Zubereiten einweichen zu lassen.

WILDRAGOUT MIT SHIITAKES NACH TIROLER ART

Für 4 bis 6 Portionen

Zutaten:
800 g Rehfilet
50 g Tiroler Räucherspeck
300 g frische Shiitakes
2 Schalotten
4 cl Portwein
250 g Schlagsahne
1 Frühlingszwiebel
1 EL Öl
Salz, Pfeffer und geriebene Muskatnuss nach Geschmack

Zubereitung:

Schritt 1 und 2: Rehfilet in schmale Streifen schneiden. Schneiden Sie dabei quer zur Faser – so geht es am einfachsten. Öl in einer Pfanne erhitzen. Fleisch portionsweise hinzugeben und bei starker Hitze scharf anbraten. Herausnehmen und mit einem Baumwolltuch abdecken. Beiseitestellen.

Schritt 3: Speckwürfel im verbleibenden Fett anbraten. Schalotten in feine Würfel schneiden und hinzugeben. Auf mittlerer Hitze leicht glasig braten.

Schritt 4: Shiitakes putzen und in Streifen schneiden. Zu den Schalotten und dem Speck in die Pfanne geben und dünsten. So lange dünsten, bis fast alle Flüssigkeit verdampft ist. Das dauert etwa 8 Minuten.

Schritt 5: Mit Portwein ablöschen und ganz einkochen lassen. Sobald die Soße dickflüssig genug ist, Schlagsahne zugeben und leicht einkochen lassen. Mit Salz, Pfeffer und Muskat abschmecken.

Schritt 6: Rehfleisch unterrühren und in der Soße erwärmen. Frühlingszwiebel in feine Ringe schneiden und ebenfalls unterrühren.

Tipp 1: Sie möchten eine vegetarische Variante von diesem Gericht? Dann ersetzen Sie das Rehfleisch durch Tofu oder Seitan. Den Räucherspeck können Sie durch gewürfelten Räuchertofu ersetzen. Möchten Sie vegan kochen, ersetzen Sie außerdem die Schlagsahne durch vegane Kochcreme.
Tipp 2: Anstatt frischer Pilze können Sie auch 30 g getrocknete Shiitakes verwenden. Vergessen Sie dabei nicht, die Pilze vor dem Kochen einweichen zu lassen. Zu diesem Gericht passen Spätzle, Bandnudeln, Kroketten oder Röstkartoffeln.

REIS-SHIITAKE-EINTOPF MIT TOMATEN-PAPRIKA-SOẞE

Für zwei Personen

Zutaten:

2 Tassen Langkornreis
1 Zwiebel
250 g frische Shiitakes
1 TL Salz
Etwas frische Petersilie
4 Paprika
3 Luftzwiebeln oder Frühlingszwiebeln
3 mittelgroße Tomaten
3 bis 4 EL Tamari-Soße
1 Avocado
Salz, Liebstöckl, Thymian, Oregano zum Abschmecken
1 Tasse Pinienkerne zum Garnieren

Zubereitung:

Schritt 1: Shiitakes putzen und eine kleine Menge für die Dekoration beiseitelegen. Die restlichen Pilze klein schneiden.

Schritt 2: 2 Paprika putzen und klein schneiden. Zwiebel klein schneiden. Petersilie und Luft- oder Frühlingszwiebeln waschen und ebenfalls klein schneiden. 1 bis 2 EL gehackte Petersilie zum Dekorieren beiseitelegen.

Schritt 3: Reis mit doppelter Menge Wasser und 1 TL Salz in einen Topf geben und aufkochen lassen.

Schritt 4: Tamari-Soße hinzugeben. Klein geschnittenes Gemüse ebenfalls hinzufügen. Gut umrühren und Deckel des Topfes schließen.

Schritt 5: Temperatur auf mittlere bis niedrige Stufe herunterstellen und 12 bis 15 Minuten ziehen lassen. In der Zwischenzeit die Tomaten-Paprika-Soße zubereiten.

Schritt 6: Tomaten und restliche Paprika in Stücke schneiden. Avocado halbieren und Fruchtfleisch entfernen.

Schritt 7: Alles im Mixer sehr fein pürieren. Alternativ können Sie auch einen Pürierstab nutzen.

Schritt 8: Die restlichen Kräuter fein hacken und unter die Soße mischen. Mit Salz abschmecken.

Schritt 9: Reis-Pilz-Eintopf mit Soße servieren. Mit restlichen Pilzen, gehackter Petersilie und Pinienkernen dekorieren.

Tipp 1: Liebstöckl, Oregano und Thymian können sehr stark im Geschmack sein. Dosieren Sie also sparsam und schmecken Sie zwischendurch ab, wenn Sie den Pilzgeschmack möglichst intensiv wahrnehmen möchten.
Tipp 2: Anstelle von frischen können Sie auch getrocknete Shiitakes nehmen: Dann benötigen Sie 25 g.

SHIITAKE-WOK MIT RINDFLEISCH

Für 4 Personen

Zutaten:

250 g frische Shiitakes
500 g (möglichst mageres) Rindfleisch
2 Möhren
1 Spitzpaprika
1 Knoblauchzehe
40 g Cashewkerne (frisch oder geröstet, ungesalzen)
3 Frühlingszwiebeln
1 kleines Stück frischer Ingwer
1 Zitrone
3 bis 4 EL Sojasoße
3 Stiele frisches Basilikum
3 EL Erdnussöl
Kurkuma, Salz und Pfeffer zum Abschmecken

Zubereitung:

Schritt 1: Gemüse putzen, gegebenenfalls Stiele der Pilze abschneiden (nach Belieben).

Schritt 2: Möhren und Spitzpaprika in dünne Streifen schneiden. Cashewkerne grob hacken.

Schritt 3: Ingwer schälen. Knoblauch und Ingwer fein hacken und Frühlingszwiebeln in grobe Ringe schneiden. Rindfleisch in mundgerechte Stücke schneiden.

Schritt 4: Öl in einem Wok oder einer tiefen Pfanne erhitzen. Rindfleisch auf höchster Stufe scharf anbraten. Herausnehmen und beiseitelegen.

Schritt 5: Knoblauch und Ingwer in die Pfanne geben und kurz andünsten. Möhren, Shiitakes, Paprika und Frühlingszwiebeln dazugeben und für fünf bis sechs Minuten dünsten. Zwischendurch schwenken oder umrühren, damit nichts anbrennt.

Schritt 6: Zitrone pressen. Saft gemeinsam mit Sojasoße und Cashewkernen untermischen.

Schritt 7: Basilikum grob zerhacken und ebenfalls untermischen. Nach Belieben mit Kurkuma, Salz und Pfeffer abschmecken.

SHIITAKE-CREME-BRULÉE

Lust auf ein ungewöhnliches, ganz besonderes Dessert? Dann ist diese Shiitake-Creme-Brulée genau das Richtige!

Für sechs Portionen

Zutaten:

500 ml Schlagsahne

140 ml Milch

5 Eigelb

60 g Zucker

3 bis 4 EL brauner Zucker

200 g frische Shiitakes

50 g Butter

12 Shiitake-Köpfe ohne Stiel zum Dekorieren

1 Süßkartoffel

Prise Salz

Zubereitung:

Schritt 1: 200 g Shiitakes in grobe Würfel schneiden.

Schritt 2: Sahne in einen Topf geben und auf dem Herd aufkochen. Pilze hinzugeben. Temperatur auf mittlere Stufe stellen und köcheln lassen. Die Sahne soll so lange köcheln, bis sie sich etwa um ein Fünftel, also auf rund 400 ml, reduziert hat.

Schritt 3: Sahne-Pilz-Masse mit einem Pürierstab oder im Mixer pürieren. Masse abkühlen lassen.

Schritt 4: Milch, Zucker, Eigelbe und Prise Salz miteinander vermengen. Sahne-Pilz-Masse dazugeben und gut vermischen.

Schritt 5: Masse auf sechs ofenfeste Portionsförmchen aufteilen. Die Portionstöpfchen in eine größere ofenfeste Form geben. Vorsichtig Wasser in die größere Schale geben, bis die Schälchen etwa zur Hälfte im Wasser stehen.

Schritt 6: Creme-Brûlée-Schälchen bei 90 Grad für 40 bis 45 Minuten im Ofen stocken lassen. Währenddessen Süßkartoffel schälen und in dünne Scheiben schneiden.

Schritt 7: Creme Brûlée vorsichtig aus dem Ofen nehmen. Das Wasser sollte nicht auf die Creme überschwappen. Kurz zur Seite stellen und leicht abkühlen lassen. Die Creme soll nicht zu heiß sein, wenn sie dekoriert und serviert wird.

Schritt 8: Die restlichen Shiitake-Köpfe kurz in Butter schwenken. Nach Geschmack mit Gewürzen und Salz abschmecken. Creme Brûlée mit braunem Zucker bedecken. Mit einem Bunsenbrenner leicht karamellisieren.

Tipp: Sie haben keinen Bunsenbrenner? Das macht nichts! Erhitzen Sie einfach über dem Herd einen Esslöffel (nur das runde Ende, nicht den Stiel). Nutzen Sie dann den heißen Löffel, um vorsichtig den Zucker auf den Portionstöpfchen zu karamellisieren. Dafür legen Sie den Löffel einfach leicht an den Zucker an. Alternativ können Sie auch die Grillfunktion Ihres Ofens nutzen. Allerdings wird das Dessert dabei wieder warm. Traditionell wird es jedoch kalt serviert. Sie müssen also unter Umständen noch einmal ein wenig warten, bevor Sie es servieren.

Ran an die Pilzkulturen!

Sie kommen nun zum Ende dieses Buches und haben viel theoretisches Hintergrundwissen gesammelt: Pilze sind weder Pflanzen noch Tiere, sondern bilden eine eigene Kategorie der eukaryotischen Lebewesen. Sie bevorzugen feuchte und lauwarme bis warme Umgebungen und sind auf der ganzen Erde verbreitet. Pilze gehen gerne symbiotische Verbindungen mit Pflanzen ein und ermöglichen durch ihre Arbeit unter der Erde vielerorts eine reichhaltige Vegetation. Diese faszinierenden Kreaturen beinhalten jedoch noch weiteres Potenzial. So werden Pilze in einigen Kulturen schon seit langer Zeit als Heilpilze eingesetzt. In Deutschland können Sie solche Vitalpilze selbst ziehen oder als Nahrungsergänzungsmittel in Tabletten- oder Pulverform erhalten. Einige Pilze können sogar giftige Stoffe abbauen. In ihnen schlummert großes Potenzial im Sinne des Umwelt- und Klimaschutzes. Und natürlich schmecken Pilze auch besonders gut, wie beispielsweise der Austernpilz.

Diese anspruchslosen anfängerfreundlichen Pilze sind glücklicherweise sehr schmackhafte Speisepilze. Also warum fangen Sie damit nicht einfach an? Austernpilze zu ziehen, ist im Vergleich zu anderen Pilzen nicht besonders schwer. Allerdings dürfen Sie auch nicht vergessen, dass es am Anfang schon ein Erfolg ist, wenn Sie einen Pilz zum Wachsen und Fruchten bringen – erwarten Sie also keine immense Ernte, nur weil der Pilz anfängerfreundlich ist. Zwar kann es durchaus vorkommen, dass Sie bereits beim ersten Mal einen nennenswerten Ertrag erzielen – allerdings spielen dabei so viele Faktoren eine Rolle, dass es am Anfang schwer ist, den Überblick zu behalten. Achten Sie insbesondere auf ein steriles Arbeiten, sofern möglich – das verringert das Risiko, Ihre Pilze an Keime zu verlieren. Achten Sie auch darauf, Substrat und Umgebung an die speziellen Vorlieben des von Ihnen ausgesuchten Pilzes anzupassen.

Und wenn es trotz aller Vorsorge nicht klappt? Dann seien Sie nicht zu enttäuscht! Probieren Sie es einfach weiter – dass anfangs nicht immer alles nach Erwartungen läuft, ist vollkommen normal. Klappt die Zucht hingegen besser und besser, dürfen Sie gerne stetig den Schwierigkeitsgrad erhöhen. Versuchen Sie, anspruchsvollere Pilze zu ziehen, probieren Sie neue Substrate und irgendwann auch Supplements aus. Mit jedem Versuch werden Sie um ein paar Erfahrungen reicher. Also zögern Sie nicht weiter: Ran an die Pilzkulturen und viel Vergnügen!